JN198481

時間デトックス

無駄をスッキリさせて、
人生の質を高める

タイムコーディネーター
吉武麻子

日本実業出版社

はじめに

――毎日がんばっているあなたへ

あなたは時間に追われる日々を「どうしようもない」とあきらめていませんか?
「このがんばり方はもうすぐ限界が来る」と心のどこかで思っていませんか?

仕事はわりと好きだし、学ぶことも好き。家族の時間も大事にしたいし、ひとりの時間もほしい。効率よく、色々なことに挑戦するのが好きで、周りからも頼られることが多い。頼られることはうれしいし、期待に応えたいとも思うから、頼まれごとの答えは「はい」か「YES」でやってきている。

一方で、最近は体力も昔のようには続かないし、ふとした時に、この状態がこの先も続くのかと想像すると「そろそろ限界なのでは」とよぎりはする。だけど現実は、目の前のことを打ち返していかないといけないから、深く考えている暇もない。実は現実を見るのが怖くて、目を背けている自分にも薄々気づいている。

ジャグリングのように複数のことを回しながら、ひとつも落とさないようにギリギリの状態。何かテコ入れしようものなら、すべてのバランスが崩れそうで、怖くもある。

だから、今日も時間に追われている。

――自分の人生を「心地よさ」でデザインする

はじめまして。タイムコーディネーターの吉武《よしたけ》麻子《あさこ》と申します。

私は時間の専門家として、自分の心地よさを大切にしながら「夢ややりたいこと」を叶えていく、時間をコーディネートする生き方「タイムコーディネート」を伝えています。これまでのべ4000名以上の方へ指南してきました。

「やりたいことは山ほどあるのに、いつも目の前のことをこなすだけで時間が過ぎ去っていき、時間がない」という相談をよく受けます。

やりたいことがあること自体が素晴らしいのに、時間がないせいで、やりたいことができないのはもったいないですよね。

もったいないからこそ、自分を奮い立たせて何とかしようとしても、長期的な視点でみると、よい解決策ではありません。超人でない限り、いずれ心も体も壊してしまいます。

そこで私が提案しているのが、自分の人生をデザインする「タイムコーディネート」の考え方です。今という時間の積み重ねが、自分の人生をつくっていきます。つまり、「人生のデザイン＝時間のデザイン」といえます。時短・効率化に重きを置く前に、自分がどんな人生を生きたいのかを描き、時間を自分の「心地よさ」でコーディネートしていくのです。

「心地よさ」は、決して「楽をする」という意味ではありません。自分の心に正直に、心地よいと思うことにのみ時間を使っていくのです。

その「心地よい」には、チャレンジをすることも含みます。もともと「やりたいことをやりたい！」と思う人は、挑戦する力や未来を切り開く力を持っています。だからこそ自分の心地よさを大切にできると、より軽やかに未来を切り開き、より豊かな人生をつくっていけるのです。

誰かの時間術をそのまま真似しても、自分が心地よいとは限りません。

自分の時間は自分でコーディネートしていくしかないのです。

―― 抱えているものを手放すことの難しさ

責任感の強いあなたは、無責任なことはできないと、抱えているものを手放すことに抵抗を感じているかもしれません。

何か頼まれても、引き受けるかどうか迷っている時間もないため、「とりあえずやろう！」と引き受けている人もいるでしょう。もちろん、経験を積むことは大事ですし、そういう時期があるのはいいことです。

しかし、どこかのタイミングで、自分ではない人に任せていくなど、「あなたにとっての無駄」を手放す必要があります。このタイミングの見極めが難しいからこそ、両手いっぱいにやることを抱えて走り続けている人が多いのです。

無駄を手放すことはあなたが思っているほど難しいことではありません。

体の中に蓄積した老廃物の排出を促す「デトックス」のように、今のあなたには不必要な時間をデトックスして、本当にやりたいことや必要な時間で補給していきましょう。

体のデトックスの対象となる老廃物も、生活習慣やストレスから蓄積されます。その生活習慣やストレスを紐解いていくと、あなたの「時間の使い方」に深く関連しています。時間の使い方には、あなたの価値観が表れるからです。

時短・効率化を基準に、あなたが手放すことを決めていく従来の方法ではなく、自分の心地よさに軸をおいて、無駄を手放す「時間デトックス」を本書ではお届けします。

「時間がない」はもうおしまい

本書では、自分の心地よさを軸に、やることを削ぎ落としていきましょう。心地よさが軸なので、時間を通して自分の感情と向き合うことになり、自己理解も進みます。

さらに、時短・効率化を軸にしていないので、感情がついてこないことを無理に手放すことはしません。自分が納得したうえで手放していくため、より自分に正直に時間を使えるようになっていきます。

本書で紹介するのは、自分に厳しい時間術ではなく、自分に優しい時間術です。かといって、決して自分本位な時間術ではありません。

心地よい時間の使い方で、本当にやりたいことに時間を使って、ありたい未来を一緒につかみにいきましょう。

第3章

デトックス①　捨てる

第4章

デトックス② 任せる

第5章

デトックス③ ゆるめる

第6章

「時間デトックス」をしたら「なりたい自分」が見えてくる

第7章

「時間デトックス＋振り返り」を習慣にする

カバーイラスト　市村譲
ブックデザイン　須貝美咲（sukai）
DTP　一企画

「時間デトックス」章構成

第1章	「時間がない」状態になる原因を探る。
第2章	今、抱えている「やること」を精査し、「デトックスすべき時間」と、「補給すべき時間」の線引き基準を探る。
第3〜5章	「捨てる・任せる・ゆるめる」で無駄な時間をデトックスをして、手放す方法を知る。
第6章	時間デトックスをした後に残った時間を、5つの役割で配分する。
第7章	時間の使い方を振り返り、より心地よく、やりたいことに時間を使えるようにする。

第 1 章

「時間デトックス」で「本当にやりたいこと」に時間を使おう

「時間がない」がログセになっていませんか？

7割以上の人が時間に追われている

「やらなきゃいけないことがまだあるのに、もう夕方！　時間がない！」

「疲れがたまっていて、週末はダラダラしがち。やりたいことに時間を使えない！」

「時間がないのに、気づいたらスマホを1時間も見ていた」


これらに、思い当たる節がありませんか？

「時間がない」という言葉をよく使っている自覚がある人も、「無意識のうちに使っているかもしれない」と気づいた人もいると思います。


皆さんおわかりの通り、時間には限りがあります。

しかし、時間は、お金のように目に見えて減っていくものではありません。また、今という一瞬が過ぎても、時間は当たり前のように絶えずあるように思えます。だからこそ、時間は価値あるものだと認識しながらも、ダラダラと過ごすなど、時間を無駄に使ってしまう経験は、誰しもあるのではないでしょうか？

あなたに「時間がない」のはなぜ？

そもそも、なぜ多くの人は「時間がない」と思うのでしょうか？

１日は24時間と決まっています。**「時間がない」と思うのは、24時間で実際にできること以上に、やることを詰め込んでいるから**です。

また、「時間に余裕があるはずなのにうまく時間を使えていない」と思う場合は、「何をしよう」と考えている時間が長いからです。情報量が多い時代だからこそ、選択肢も多く、決めるのが難しいともいえるでしょう。

一言で「時間がない」といっても、その背景には２つの要因があります。『やりたいこと』がありすぎて時間がない」と「『やらなきゃいけないこと』がありすぎて時間がない」の2つです。これらは、一見同じですが、実は似て非なるものです。

その違いは、**時間のコントロール権を自分が握れているか**です。「『やりたいこと』がありすぎて時間がない」は、自分にコントロール権があって自分で選んだ結果、時間に追われている状態です。一方「『やらなきゃいけないこと』がありすぎて時間がない」は、自分以外にコントロール権があって時間に振り回されている状態です。

自分が選んだ結果なら、時間の使い方を見直せばいいだけです。24時間という箱に、やることをあふれるほど詰め込んでいるので、優先順位を見直し、やることを絞れば「常に時間に追われて、時間をコントロールできない状態」から抜け出せます。

しかし、他人にコントロール権がある場合は、時間の使い方を見直すだけでは根本的な解決にはなりません。世間体や思い込み、または他の人やもののせいで「やらなきゃいけない」と思っていると、主体的に動くことはできません。何のためにやるのかもわからず、ただ「こなす」だけで終わってしまいます。

「やらなきゃいけない」に苦しんでいませんか？

また、気持ちの面での違いもあります。「やりたい」には前向き、喜び、気軽さなど、ポジティブな気持ちが強い一方で、「やらなきゃ」には後向き、苦しさ、面倒など、ネガティブな気持ちが（どちらかというと）強くなります。

「やらなきゃいけない」というネガティブな感情のままでは、行動するにしても、乗り気ではないのに進まなければいけません。いわばブレーキをかけた状態でアクセルを踏むような状態です。

そのような「やらなきゃいけないこと」を抱え続けるとどうなるでしょう？　自分に負荷をかけ続けることになり、苦しくなることが想像できますね。だからこそ、「やらなきゃいけない」と思う背景をひもとき、適切な対応をするのです。

では、「やらなきゃいけない」と思う背景には、どのような思いがあるでしょうか？

○人に頼まれたから

○ 仕事はそういうものだから
○ 親や妻（夫）は、そうあるべきだから
○ 嫌われたくないから
○ やりたいことをやるために必要だから

など、さまざまな気持ちがあります。

「時間がない」理由や背景は人それぞれです。まずは、この理由を明らかにしていきます。そして、「やりたいこと」に時間を使っていく意識を持ちましょう。

本書では、その具体的な方法をお伝えしていきます。まずは、**やることに対して「自分でコントロール権を握る意識」を持つこと**から始めます。「やりたいこと」に使う時間を徐々に増やしていきましょう。

「やりたいけど、できていないこと」はありますか？

「時間ができて、落ち着いたらやろう」と思っていることはありませんか？ 家の片づけ、勉強、ヨガ、新規プロジェクトのリサーチ、映画鑑賞など、挙げ出したらキリがないかもしれませんね。

まずは、それらを書き出してみてください。

そして、書き出したものを見てみましょう。率直にどう思いましたか？

たとえば、

○家の片づけはやりたいことではないけど、やったほうがいい
○ヨガはすごくやりたいことではないけど、周りの人もやっているし、健康のためにも一度は試してみたい

など、「何が何でもやりたい！」ではなく、「やったほうがいい」「やってみようかな」程度のものも「やりたい」に入れている可能性があります。**本心ではないからこそ、いつまでもやらずに「やりたいこと」のままで残っているのかも**しれません。

または、「やりたいこと」であるのは間違いないけど、行動にまでは結びついていない場合もあります。

たとえば、

- **地方へ移住はしたいけど、今ではない**
- **新規企画を立てるためにもリサーチをしたいけど、まとまった時間が取れない**

など、「やりたいこと」を「やる」という行動に落とし込めていないがゆえに、「やりたいこと」のままで残っているのかもしれません。

「やりたいけど、できていないことがある」と感じる時は、**「やりたいのは本当だけ**

ど……」の先に続く「自分への言い訳」（やれない理由）を明確にしましょう。

「言い訳」と聞くと、思わず目を背けたくなるかもしれませんが、自分が本当にやりたいことを進めるためにも、目を背けずに向き合ってほしいと思います。やりたいことができていない原因がわかると、その次の対応策が見えてきます。

ただ、ここでひとつ注意です。**「自分への言い訳」に対して、自分を責めないこと**です。こういう時に「できていないことを突きつけられるようでつらい」と言う人がいますが、「自分だけできていない」と思う必要はまったくありません。

「時間がない」は、万人共通の言い訳です。「時間がないから」「バタバタしているから」と、私たちはつい言ってしまいます。そして、皆が言っているからこそ、「時間がない」を盾に、できないことを正当化してしまいます。本当はがんばりたいことを「できなくても仕方がない」と諦めているのです。それは本当にもったいないです。

だからこそ、自分を責めたり、何かのせいにしたりすることに時間を使うことから抜け出して、行動に時間を使えるようにシフトしていきませんか？

やるべきことができていない原因は時間の使い方にある

「やりたいけど、できていないことがある」と感じる時は、時間の使い方を整理しましょう。そのために、1日の過ごし方を書き出してみてください。

1日のログ（記録）をとろう

まず、睡眠、身支度、家事、仕事、テレビを観る時間などざっくりと、24時間のスケジュールを書き出してみてください。24時間表記のバーチカル手帳に書いてもいいですし、お持ちのノートや紙に時間軸を書き出すところから始めてもいいですね。

次に、書き出したものを2つのグループに分けて色分けし、塗っていきます。

①**やる必要のあること（青）**：睡眠、食事、仕事、家事、育児など

②**やりたいこと・好きなこと（赤）**：趣味、習い事など

24時間を色分けして、どのようなバランスで時間を使っているのか客観的に把握しましょう。

ちなみに、①②のどちらにも当てはまらないものは、色を塗らずにそのままにしてください。たとえば、ダラダラと意味もなくSNSを見ている時間などです。

さらに、家事、仕事など大タスクとして書き出したものを細かくしていきます。たとえば、「家事→洗濯→洗濯機を回す・干す」のように、具体的な行動に分解します。

そして、家事や仕事の中でも、自分がやりたいことや好きなタスクは、②の色で塗っていきます。

大きなグループ分けだと「やる必要のあることばかりやっている」ととらえていても、具体的な行動単位で見ていくと、「やりたいことや好きなことをやっている時間もあるんだ」という気づきがあるかもしれません。

→ タスクを細かくして、色分けする

時刻		
4	睡眠	
5		
6	朝の準備	お弁当・朝食準備・身支度
7	家事	片づけ・掃除
8	通勤	好きな本を読む
9	仕事	資料作成
10		
11		A社ミーティング
12		昼食
13		B社ミーティング
14		社内ミーティング
15		面談
16		資料作成
17	帰宅	好きな音楽を聴く
18	家事	夕食準備
19	夕食	
20	お風呂	
21	子どもとの時間	
22	SNS・だらだら	
23	睡眠	
0		
1		
2		
3		

通勤時間に、好きなことをする時間をつくれそう！

仕事のなかでも、もくもくと資料作成する時間は好き！

寝る前のSNSがもったいない！

▼

色を塗らなかった時間は、今後「やりたいこと」に変えていける時間

1日のログで、現状を知ろう

	1日のログをとる →	ログを色分けする
4	睡眠	睡眠
5		
6	朝の準備	朝の準備
7	家事	家事
8	通勤	通勤
9	仕事	仕事
10		
11		
12		
13		
14		
15		
16		
17	帰宅	帰宅
18	家事	家事
19	夕食	夕食
20	お風呂	お風呂
21	子どもとの時間	子どもとの時間
22	SNS・だらだら	SNS・だらだら
23	睡眠	睡眠
0		
1		
2		
3		

①やる必要のあること ②やりたいこと・好きなことの2色で色分けする。

①・②に当てはまらないものは、色を塗らないでそのままにする。

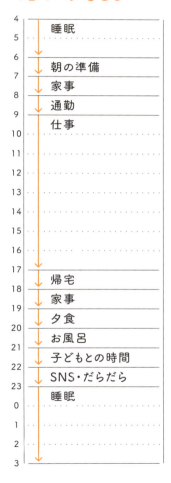

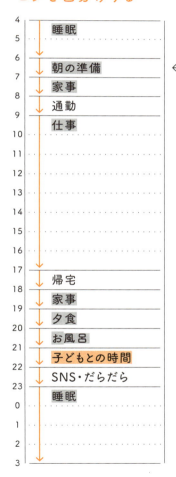

1日のログをもとに、振り返ろう

1日のログを踏まえて、自分が「やりたいことがなぜできていないと感じるのか」について改めて考えてみましょう。

「やりたいことがありすぎて、すべてをやり切れていない」という人もいれば、「やりたいことは後回しで、やらなきゃいけないことに時間を使っている」「時間はあるのに、ダラダラと過ごしている」「やりたいことはできているけど、もっとその時間を増やしたい」「家族のために使っている時間が、思っている以上に多いことに気づいた」という人もいるでしょう。それぞれに感じることがあったと思います。

また、**色を塗らなかった時間は、今後「やりたいこと」に使える時間でもあります。**ダラダラしてしまう時間が増えるのは、緊急なことや重要なことをこなした反動がきている場合もあります。

私たちは、やりたいことをやり切る時間も足りないほど、たくさんのやることを抱えています。しかし、どんなに願ったところで1日は48時間にはならず、1日は24時間のままです。ただし、この24時間は誰にも平等に与えられている財産です。この限られた24時間をどのように使うかで人生は変わってきます。

実際に、1日が48時間になったところで、その48時間をどのように使うか、時間の具体的な使い道を答えられますか？ 多くの人は、答えに戸惑い、仮に48時間になったとしても、同じように「48時間では時間が足りない。1日72時間あればいいのに」と現実逃避をするでしょう。

実際は時間がないのではなく、時間はあるのにもったいない時間の使い方をしているだけなのです。**必要のない「やらなきゃ」は手放して、「やりたいことをやる」時間を生み出していきましょう。**

――ログで1週間の時間を見える化しよう

1日のログをとれたら、次は1週間の時間を見える化していきます。

1週間単位でも記録するのは、曜日によって時間の使い方が異なるからです。平日と週末、曜日で固定の仕事や習い事など、時間の使い方が変わる人も多いと思います。

タイムコーディネートでは、1週間ごとのタスク管理をおすすめしています。目標に向けた実行計画を立てたとしましょう。最初の1日はやる気もあり、少し無理な計画でも、馬力で押し切れるかもしれません。ところが、1週間ともなると、力業で何とかできる誤差ではなくなり、少しずつ計画倒れが起きてきます。

1週間単位で管理すれば、今日やろうと思っていたことが終わらなくても、1週間のどこかで調整ができます。ただし、スケジュールが詰まっていたら調整もできないので、意識的に余白の時間を取っておこうと考えられますし、「月曜日はミーティングも多くて資料作成を進められないから、余裕のある水曜日に予定しよう」と曜日ごとで調整することも考えられます。

だからこそ、まずは**1週間の時間をどのように使っているかを書き出します。**見える化すれば、思いもよらないところで時間をかけていることや、やりたいことは思っていた以上にできていることなど、さまざまな発見があります。

ログのとり方は、１日の場合と一緒です。**ログをとった後、24ページのように「①やる必要のある時間」「②やりたいことをやっている時間」に色分け**します。どちらにも当たらないものは色を塗りません。

そのうち、「①やる必要のある時間」でやっている行動を細分化し、今後どちらかというと「やりたい」か「やりたくない」かに分類します。やりたくない気持ちに気づけば、今後やりたくないことをする時間を手放す意識ができます。色を塗らなかった時間についても同様に、今後やりたいか、やりたくないかで分類していきましょう。

「タイムマネジメント」を重視しすぎると……

時間管理やタイムマネジメントと聞くと、タスクを細分化してスキマ時間にもやることを詰め込み、時短・効率化を進めながら、いかにタスクをこなしていくかということを思い浮かべる人も多いのではないでしょうか？

そのように考えている人は、時間がないことに悩んでいても「ダラダラしたり、ボーッとしたりする時間をゼロにして、とにかくテキパキ動けって言うんでしょ。そんなの絶対ムリ」と、あきらめている人も少なくありません。

「タイムマネジメント」よりも先に考えるべきこと

まずはタイムマネジメントに対する先入観をとらえ直していきましょう。

確かに、仕事や目標、家事など、限られた時間で成果を出す必要があることは、時短・効率化を進めながら時間を管理していくと、より大きな成果を出せます。

しかし、24時間すべてをタイムマネジメントしようとすると、苦しくなってしまうのです。たとえば、趣味の時間や、大切な人たちと過ごす時間、休息の時間など、効率を考えると気持ちがあせって、その時間を純粋に楽しめなくなりませんか？


そのため、**まずは24時間をどのように使いたいか、大枠を決めたうえで、必要なところでタイムマネジメントを活用していく**のです。タイムマネジメントのスキルが必要になってくるのは、最後です。最初からすべてを時短・効率化しようとするのは、自分の首を絞めることになります。タイムマネジメントが必要なのは24時間すべてではなく、一部の時間だということをまずは理解してください。

──やることを片づけても次がくる

効率化は問題解決ではなく、わんこそば状態です。

想像してみてください。わんこそばは、食べる人自身が蓋を閉めない限り、給仕さんがそばをお椀に入れ続けます。つまり、効率化で「やること」を片づけたら、次の

「やること」がやってきます。生産性を上げようとしたら、次から次へとスピードアップして「やること」がやってきます。自分がコントロール権を握って「ここまで」と線引きをしなければ、永遠に「やること」はあふれ出てくるのです。

やみくもに「やること」を片づけていくのではなく、そもそもの「やること」を精査する。それにより、時間の濃度を高めていくのです。「時間の使い方=生き方」です。

命には必ず終わりがきます。私たちは、今という一瞬一瞬を積み重ねて、自分の人生をつくっていきます。「やり残したことがたくさんある」と最期を迎えるのではなく、やりたいことをやって、満足な人生だったと言えるよう、今この瞬間から、時間と向き合ってください。限られた時間を、本当にやりたいことに使っていきましょう。

心地よい時間のペースは人それぞれ

タイムマネジメントへの先入観をとらえ直すことをお伝えしたのは、実は私自身が、「時間管理」や「タイムマネジメント」という言葉に苦しんだ経験があるからです。

私は「時間術」の本を読むのが好きで、色々な方の時間の使い方のコツを学んでは、自分にも取り入れていました。ところが、初めはモチベーションが上がり、真似して取り組んでみるものの、次第に「やりたい」という気持ちから「やらなきゃ」という気持ちや義務感に変わっていくのを感じるのです。

たとえば、「朝4時に起きてウォーキングがおすすめ」と知れば、充実した時間の使い方に思えて、私も真似をしてみました。確かに、早起きして運動するのは気持ちがいいし、健康にもよいのもわかります。

しかし、気持ちよさと同時に、まだ暗いうちに外に出る「怖さ」も感じたのです。

怖さを感じていたら、心地よくはないですし、それを続けたいとは思えませんでした。

誰かにとっては優先度が高いことでも、別の人にとってもそうであるとは限りません。「仕事をする時間」「家族と過ごす時間」「一人で過ごす時間」「運動をする時間」「勉強をする時間」「テレビを観る時間」など、**優先度や何にどのくらい時間を割きたいかは、十人十色**です。

だからこそ、まずは自分にとっての心地よい時間の使い方を知ることが重要なのです。**自分の心地よさを知っているからこそ、それを相手とも共有できますし、相手の心地よさも尊重できます**。逆に、自分が心地よさを無視してガマンをしていたら、相手にもガマンを強いるようになります。想像するだけでも息苦しいですよね。

少し話が大きくなりますが、自分の心地よさも周りの心地よさも、お互いに尊重できたら、さらに優しい社会になると私は思っています。

第2章

「やりたいこと」
「やりたくないこと」を
線引きして
無駄をスッキリさせる

「心地よい」時間とは「やりたいことができている」時間

「やりたいこと」をやるための解決法として、効率化を考える前に「やること」を精査していこう、と第1章でお伝えしました。

「やること」を精査するために、まずは自分にとっての「心地よい時間の使い方」を探しましょう。

「楽しい時間」より「心地よい時間」が大切

「心地よい時間の使い方」探しをする前に、ひとつ質問です。

なぜ「楽しい」時間や「ワクワクする」時間ではなく、「心地よい」時間が大切なのだと思いますか？

もちろん、楽しいことや、ワクワクすることに時間を使いたいですよね。たとえ予定が詰まっていたとしても、楽しい予定なら入れたくなる人も多いと思います。
しかし、「やること」を抱えすぎだから「時間がない」状態になり、「心地よさ」が失われています。時間を確保するためにも、「つい入れたくなるような楽しい時間」ではなく、「心も体も落ち着いた、心地よい状態でいる時間」を重視してほしいのです。

それに、楽しい予定ばかり詰め込んだ結果、反動で疲労が続いてしまっては、時間の価値が下がります。

たとえば、もともと人と会うことが好きでも、毎日誰かとの約束があると疲れてしまいませんか？　疲れがたまっては、ベストなパフォーマンスを発揮できません。心や体が疲れていては、夢や目標があっても、実現に向けた行動を続けられないのです。行動を続けられないということは、実現が不可能ということです。

つまり、**行動する時間も休息する時間も含めて、どのように24時間を使うと、自分のコンディションを保つことができるのか、知っておくとよい**のです。そのことを踏まえて、３つのポイントで「心地よい時間の使い方」を考えていきます。

「心地よい時間」を知る4つの視点

①「どのような時間が多いとうれしい？」

抽象的な話ですが、どのような時間を過ごせるとうれしいかを考えてみてください。まず、**自分がどんな気持ちでいられる時間が好きか、抽象的でいいので書き出してみましょう。**

たとえば、「ワクワクすることをやっている時間が、長ければ長いほどうれしい」「時間に追われず、つねに余裕を感じる状態が理想」「大小問わず、いつも何かにチャレンジしていたい」など、時間の使い方の大まかな好みを直感で書き出してみましょう。

②「何をしている時間が好き？」

次に、**①で書き出した気持ちを味わえる、好きな時間の過ごし方を具体的に書き出してみてください。**

ワクワクしたい人なら「バーベキューをするなど、わいわいする時間」、ゆったりしたい人なら「お風呂でお湯に浸かりながらドラマを観る時間」、チャレンジしたい人なら「習い事や資格試験の勉強など、自己研鑽に励む時間」など、どんな時間の過ごし方が好きかを書き出しましょう。

③「心身のコンディションを高く保てる時間バランスは？」

先にもお伝えした通り、どんな時間を過ごすのが好きなのかを考えることはもちろん大切ですが、１日のうちの多くをその時間で満たすのは、逆に疲れや慣れで豊かな時間の使い方とはかけ離れてしまうものです。

豊かな時間とは、個人の価値観や興味関心に大きく依存します。重要なのは、**自分にとって意味があり、満足感を得られること、心身ともに疲れていないこと**です。

アクティブに動くことが好きな人は、その分、疲れをリセットするための休息の時間が必要になります。他にも、クリエイティブな仕事をしたい人は、アイディアを生み出すために、芸術に触れて脳に刺激を与えるなどの時間が必要です。また、読書が好きな人は、読んでおしまいではなく、学んだことを実践したり、感想を言葉にしたりすることで、その読書時間をより豊かなものに高めることができます。

つまり、最高のアウトプットをするために、インプットをする時間も必要ですし、最高のインプットのためにはアウトプットの時間も必要なのです。

このように、**自分が使いたい時間をより豊かにするためには、実は真逆の行動の時間も一緒にセットすると、より心地よくなる**のです。

②で書き出した、**好きな時間の過ごし方をより楽しむためには、どんな時間も確保しておくとよいか、考えてみてください。**

また、自分が好きなその時間は、どのくらいのペースであると心地よいか、実践しながら見つけてみてください。

タイムコーディネートを一緒に伝えてくれている仲間のYさんは、「10・10・10（テン・テン・テン）ライフ」を目指し、それを実現しています。「10・10・10ライフ」とは、「女性の成功コンサルタント」の舛岡《ますおか》美寿子《みすこ》さんが伝えている「10日学び、10日働き、10日遊ぶ」という考え方です。

Yさんは1カ月スパンで「10・10・10・ライフ」を実現した時、オンとオフの緩

「心地よい時間」を知る4つの視点

①「どのような時間が多いとうれしい？」

- 「どんな気持ちでいられる時間」が好きか書き出してみる

・ワクワクする時間
・何かに挑戦する時間

②「何をしている時間が好き？」

- 「①で書き出した気持ちを味わえる、好きな時間の過ごし方」を書き出してみる

・「ワクワクする時間」が好きなら
→バーベキューをするなど、わいわいする時間

③「心身のコンディションを高く保てる時間バランスは？」

- 「②を楽しむために確保したい時間」を書き出してみる

・「アクティブに動く時間」が好きな人なら→「心身ともにリラックスする時間」が必要

④「ストレスを感じる時間は？」

- 「今やっていることでストレスを感じている時間」を書き出す

・無意味なミーティングの時間
・締め切りに追われて、てんやわんやしている時間

急をよりつけたいと考え、今は1年スパンで心地よいバランスを模索しています。

心地よいスパンは、実際にやってみないとわかりません。試しながら自分のベストな心地よさを探ってみてください。

④「ストレスを感じる時間は？」

「心地よさ」は、ストレスがない状態ともいえます。では、ストレスをデトックスするためにはどうすればよいでしょうか？　もちろん自分がコントロールできない部分もありますが、自分がコントロールできるストレスは減らせます。

今、やっていることの中で「嫌だ」とストレスを感じている時間を書き出してみましょう。

この4つの視点で、自分にとっての心地よい時間の使い方を探ってください。

「やりたいこと」と「やりたくないこと」を整理しよう

自分がコントロールできるストレスを減らしていくためにも、「やりたいこと」と「やりたくないこと」を整理していきましょう。

「やりたくない」を「やらない」にシフトする

あなたが**24ページで色分けした、1日のスケジュールのうち、①の「やる必要のあること」と色を塗らなかった時間をピックアップ**します。

次に、それを今後も「やりたい」か「やりたくない」かの二択で、ラベル分けしてみてください。二択で分けるのが難しい時は「どちらかというと」やりたいか、やりたくないかで分けてみましょう。

「やりたくない」ことは今後どうしたら手放せるかを考えます。

たとえば、私は電話予約や、お店の検索などが苦手です。しかし、予約や検索の頻度は高いです。そんな時は、どうしたらその回数を減らせるか、と考えます。

- 美容院や病院は会計時に次の予約をする。または、予約のいらない場所を探す
- 仕事のイベントで使うお店の検索や交渉は、チームメンバーに任せる
- 友人、知人に好評だったお店やホテルをストックしておく

電話予約はやろうと思えばすぐにできます。そうした少しの時間を手放したところで、大きな時間は生み出せないと思うかもしれません。

大して時間がかからないことでも、嫌だと思っていると、なかなか行動に移せないことはありませんか?

つべこべ言わずに早く終わらせてしまえばいいと言う人もいるでしょう。確かに、終わってしまえばすっきりするので、それも一理あります。

ただ、これが今後も何度もあると考えると、たとえ一瞬でも、そのたびに感情が無

駄に動くのは、心地よくないはずです。

「時間の長さ」を基準にするのではなく、「心地よさ」を基準に手放しましょう。

「やりたい」と「やりたくない」の間

また、「やりたい」「やりたくない」と、すでに自覚していることは、比較的簡単にラベル分けできたと思います。

しかし一方で、ラベル分けが難しい行動はありませんでしたか？「やりたいわけではない」けど「やりたくないわけでもない」行動です。実はこの領域がとても重要です。

「やりたくない」「嫌い」は、比較的強く、自覚しやすい感情です。自覚しているので、手放すのも簡単です。

ところが、「好きではないけど、嫌いなわけでもない」「やりたいというほどではないけど、やりたくないわけでもない」というあいまいなものは、「別に苦痛ではない」と、疑うことなく「やる」一択にしがちです。実は、「時間がない」と悩んでいる人の多くは、疑わずにやることを増やし、時間に追われているのです。

そのため、「やりたいこと」と「やりたくないこと」を整理するには、**「やりたいわけでも、やりたくないわけでもない」行動も明らかにし、そこでの時間の使い方を見直す**ことが重要です。

「やる」と選択したなら、なぜやるのか、目的意識を持ちましょう。「子どもが小さいから」「夫の帰りが遅いから」「誰も手が空いてないから」など、自分以外を主語に置くのはやめて、**あなたが主語の理由を見つける**のです。

これは、「やりたくないけど、やらないといけない」ことも同じです。

目的を実現するために、やりたくないことも経験しておいたほうがいいことはあります。そうした時も、「やりたくないけど仕方ない」という感情のまま行動に移すのは危険です。

「苦手だけど、経験のためにやる」「今後手放すためにも一度自分でやってみて、全体像を把握する」など、目的を見すえたうえで「自分が決めて、やる」意識を持ってください。

そうすると、自分で時間のコントロール権を握ることができます。

「やりたい」と「やりたくない」を整理する

1日のログ（24ページ）を見直して、
タスクを「やりたい」か「やりたくないか」で分ける

「やりたい」

例）
・料理（没頭するとリフレッシュになる）
・資料作成（要点を無駄なくまとめることに燃える）

「やりたくない」

例）
・打ち合わせで使うお店を探すこと

★今後どうしたら手放せるか考える
・知人がよかったと言っていたお店をストックしておく

「やりたい」と「やりたくない」の間（この領域が重要！）

例）
・部内ミーティング
・掃除や洗濯

★「やる」一択にしがちだが、本当にやったほうがいい？

★「やる」なら、なぜやるのか目的意識を持つ

「やりたいこと」を整理するにはアナログがおすすめ

手を動かして「何となく」を言葉にする

「やりたいことを整理するには、アナログとデジタルのどちらが適しているか」という質問をよく受けます。結論から言うと、**私はデジタルよりもアナログを推奨**しています。一番の理由は、手を動かすことで、感情や思考を理解しやすいからです。

ただし、アナログにはアナログのよさが、デジタルにはデジタルのよさがあります。それぞれのよさをうまく組み合わせて活用するとよいでしょう。

まずは自分のなかにある、言葉にできていない「○○をやりたい」「○○になりたい」を言葉にしていきましょう。箇条書きで書き出すのもいいですね。

言葉になっていない「何となく」を言葉にすることは、とても大切です。何となく思っているだけのことと、言葉できちんと認識することでは、その後の行動にも大きな差が出ます。

また、時間の無駄も削減できます。「何となく」をそのまま放置しておくと、それまで「何となく考えていたこと」がリセットされることも、よくあります。「何となく」を早く言葉にすると、脳の整理も時間の整理もできるのです。

言葉になっていない想いを言葉にして明確にするのは、アナログが効果的です。そして、**言葉にした想いを分類・整理・共有するのは、デジタルが便利**です。手軽にアクセスができたり、必要な情報を検索・共有できたり、アラーム機能もあるからです。そもそも自分の想いを言語化することが難しかったら、対話型ＡＩに頼ってもいいですね（１５１ページ）。

デジタルとアナログを組み合わせて活用することが、やりたいことを考えて実行する近道です。

「やりたいこと」を探る3つの方法

本当にやりたいことかどうかは、実際にやってみないとわかりません。そのため、**「やりたいこと探し」に時間をかけるのではなく、「やってみる」ことに時間をかけてみてください。**「やりたいこと」は仮で置いて、行動に移していきましょう。

①「やりたいことリスト」をつくる

まず「やりたいことを100個書いてみる」ことをおすすめします。

100個と聞くと、「そんなにない」と思うかもしれません。「できる」「できない」は考えないようにして、どんなに大きなことでも小さなことでも大丈夫なので、思いついたことをどんどん書き出しましょう。

それでも難しい時は、「仕事に関すること」「プライベートに関すること」「暮らしに関すること」「行きたい場所」「体験してみたいこと」「ほしいもの」「ありたい自分の状態」など、ジャンルに分けて書き出してみるといいでしょう。

「やりたいことリスト」をつくると、自分が何に興味・関心を持っているのか把握できます。文字にして見える化すると、そのことに関する情報が目に入りやすくなったり、思いがけないチャンスが訪れたりもします。

「やりたいことリストを書いたら実現した」という声もよくありますが、それは**やりたいことを書き出して、認識したことで行動につながり、結果的に実現した**という流れです。気づくことができれば行動できる人や、やることを明確にすれば動ける人、日々の忙しさで忘れてしまう人にとっては、とても有効な方法です。

②「今日楽しかったことベスト３」を毎日書く

やりたいことリストをつくることと同時に、「今日楽しかったことベスト３」を毎日記録してみましょう。

やりたいことリストは、大きなことを考えがちです。それでは、「時間がない」「お金がない」などの理由から、行動につなげにくいこともあるでしょう。

「今日楽しかったこと」に目を向ければ、日々の喜びに気づけるようになります。そうすると、自分の生活に即して「やりたいこと」を考えられます。

この方法は、「やりたいことリスト」をゼロから考え出すのが苦手な人におすすめです。ゼロからやりたいことを考え出す方法だと、本当のやりたいことというよりは、「やったほうがいいこと」「やるメリットがあること」「人がやっているから自分もやってみようと思うこと」を書き出してしまうこともあります。実は私もそうです。

やりたいことリストをうまく書き出せない私でも、やりたいことは常に明確で、大小問わず叶えてきているのは、やりたいことリストを書くかわりに、「行動したことに対して感じたこと」の記録を習慣にしていたからです。

つまり、**自分の行動や起こったことに対して、湧き起こる気持ちを「どうしてそう感じるのだろう？」と考えて、書き残していた**のです。そこでポジティブな感情として記録したものが「やりたいこと」でした。

私は中学生の頃、スケジュール管理の目的ではなく、「今日楽しかったことベスト3」を毎日書き続けました。内容は、「音楽番組が大好き」「バスケの試合でシュートが何本も決まってうれしかった」など大したことではありません。

「歌が上手な人の歌を聴くのが好き」という気づきから、「ライブに行く」という行動につなげる。「シュートが決まるとうれしい」という体験から、試合でシュートを決められるよう、今までより練習を一生懸命するようになる。こうして**毎日の生活の中で、自分が楽しいと感じたことを集めていくだけで、楽しいことや本当にやりたいことに自然と時間を使うようになっていった**のです。

「やりたいこと」を見つけるというよりは、自然と「やりたいこと」に時間を使うようになっていったというほうが正しいかもしれません。

③「後悔が残りそうな人生」を書き出してみる

やるか、やらないかで迷った時、「やらなかった後悔より、やって後悔したほうがいい」と思って、「やる」と決断した経験がある人も多いのではないでしょうか？

日々の積み重ねが人生をつくることを考えると、やりたいことを先延ばしにしないことが後悔しない人生につながります。

どんなことで後悔するかは人によって異なるので、自分にとってはどんな人生を送ると後悔しそうか、書き出してみるといいでしょう。たとえば、次のようにです。

○失敗するのが怖くて挑戦できない人生
○家族や友人など、大切な人との時間をおろそかにする人生
○他人の期待に応え続け、自分のやりたいことを思いっきりできない人生

次に、書き出したことをもとに「後悔しない人生を送るために改善すべきこと」を書き出していきます。

○小さな挑戦から始める
○仕事だけでなく、家族や友人との時間も確保する
○自分の感情と向き合い、内省する時間を取る

①から③で書き出したことが、自分にとっての心地よい時間の使い方や、その基準

やりたいことを探る3つの方法

①「やりたいことリスト」をつくる

- 自分が何に関心をもっているのかがわかる
- 文字にして「見える化」すると、そのことに関する情報が目に入りやすくなり、行動にもつながる

・○○に行きたい
・○○を体験してみたい
・○○がほしい
・○○になりたい

未来の視点

②「今日楽しかったことベスト3」を書く

- 日々の喜びに目を向けられるようになる
- 自分が楽しいと思ったことを集めていくと、「楽しいこと・やりたいこと」に自然と時間を使うようになる

・○○が楽しかった
→「それはなぜ？」

現在の視点

③「後悔が残りそうな人生」を書く

- やりたいことを先延ばしにしないことが、後悔のない人生につながる
- ここで書き出したことが、「心地よい時間」の使い方の基準になる

・「失敗するのが怖くて、挑戦できない人生」は後悔する
→「小さな挑戦」から始める

時間の価値観

になります。これらの時間を守ることで、やりたいことが具体的になっていきます。やりたいことをわざわざ探しに行かなくても、自然とやりたいことに時間を使っているからです。

この3つの方法を通して、3つの視点で自分の「やりたいこと」と向き合います。①の「やりたいことリストをつくる」では未来の視点で、②の「今日楽しかったことベスト3を毎日書く」では現在の視点、③の「後悔が残りそうな人生を書き出してみる」では過去・現在・未来の人生を見て、時間の価値観を探ります。本当にやりたいことを探求するために必要なのは、時間を限定的に見ることではなく、多角的に俯瞰で見ることです。

やりたいことがまだ仮の状態でも、人生で大切にしたいあなたの価値観をもとに、目の前のことを着実に実行し、ありたい未来に向かって着実に前進できる「実行可能な計画」を立てること、これらはすべて欠かせません。

「やりたくないこと」を探る方法

やりたくないことを探る方法としては、**毎日の記録として、「ネガティブな感情を感じた時に、なぜそう感じたのか」を書き出す**ことがおすすめです。

たとえば、人と会うことは好きなのに、なぜかモヤモヤした日。なぜモヤモヤしたのか、楽しくなかったのか、さまざまな視点から要因を考えてみます。たとえば、「場所」「時間」「その場のもの・人」「行動」「自分のコンディション」などの視点が考えやすいです。

要因がいくつか重なってネガティブな感情に動くこともあるので、頭で考えるだけではなく「自分がなぜそう感じたのか」を書き出してみましょう。**書き出すことで、たとえいくつかの要因が重なってモヤモヤしていても、それを突き止めやすくなります。**

そして、自分がどんな状況だと、ネガティブな感情になりやすいかがわかったところで、次からはその状況を避けるために、初めの段階で「線引き」をしましょう。いわば、自分の「取り扱い説明書」をつくるイメージです。

たとえば、人と食事する約束をする時であれば、その会が大人数で（その場のものや人）、会場が遠い（場所）なら、それだけでエネルギーも使うので、仕事の繁忙期（時間）は避けるなど。**約束をする前に、自分の中での判断基準を定める**のです。約束をする前に自分の判断基準をもっておくと、時間のコントロール権も自分で握れますし、不必要なストレスを避けられます。

仕事も含め、一度やると決めたことや始めたことを途中で手放すのは、とても難しいものです。途中でやめられない、迷惑をかけられない、嫌われたくない、せっかくやり始めたのにもったいないなど、さまざまな理由が出てくるからです。

できるだけ最初の時点で線引きできれば、自分の時間も相手の時間も守れますし、やることの抱え込みを防ぐこともできます。だからこそ、ネガティブな感情に動きやすい状況がわかったら、次からは最初の時点で線引きしていきましょう。

モヤモヤを振り返る

場所	・遠すぎて、行き帰りの移動で疲れてしまう ・うるさい場所で、じっくり話ができなかった
時間	・三次会は終電が気になって楽しめない
その場のもの・人	・グチばかり言う飲み会は、気持ちが沈む ・大人数だと、深く話ができなくて残念
行動	・ネガティブなことを吐き出しても、ポジティブな話で終わらせたい ・ただ話を聞いてほしかったから、アドバイスを受け止められなかった
コンディション	・残業続きのあとは、疲れていて楽しむ気力がない

「やりたくないことをする時間」の手放し方は3つ

ここからは具体的に「手放し方」について考えていきます。

私たちは、時短や効率化でスキマ時間を捻出するだけでは足りないくらい、やることを抱えています。時間をちょっと整理したくらいでは、時間を生み出せないのです。だからこそ、今抱えているタスクを手放していかないと、時間は新たに生み出せません。時間は有限ですから、自分がやりたいこと、自分にしかできないことに時間を使っていきましょう。

やること、つまりはタスクを手放すうえで必要なのが「捨てる・任せる・ゆるめる」の視点です。仕事編と生活編で具体例を見てみましょう。

仕事編

○「前任者がやっていたから」という理由だけでやっていた、効果もさほど高くない業務を「捨てる」。
○報告や連絡ばかりの会議を「捨てる」。
○重要な業務でも、育成のためにも部下に業務を「任せる」。
○「自分がやったほうが早いから」と抱えていた業務を「任せる」。
○完璧な企画書でないと上司に確認が取れない姿勢を「ゆるめる」。
○直接訪問して営業すべきという基準を「ゆるめる」。

生活編

○洗濯物をたたむ家事を「捨てる」。
○マット類は洗濯が大変なので「捨てる」。

○ 食器洗いを子どもに「任せる」。

○ 家事代行サービスや家電に「任せる」。

○ 毎日1時間掃除をしていたのを、20分に「ゆるめる」。

○ 献立を曜日で固定化し、考えることを「ゆるめる」。

このように、書き出した「やりたくないこと」を「捨てる・任せる・ゆるめる」の観点で手放していくことはできないかと考えていきます。

無駄な時間を手放すことで得られるもの

――手放すものは大きく３つ

不要な時間を手放すには、時間がかかります。１日ですべてを手放せるものばかりではないからです。手放すものは大きく分けて３つあります。

１つ目が、**「今すぐ手放せること」**です。たとえば、ていねいな掃除やメール返信など、具体的な細かいタスクは「捨てる・任せる・ゆるめる」を活用すると、すぐに手放せます。

麦茶づくりを例にとると、「麦茶づくりをやめて購入するようにした」「麦茶づくりを家族に任せた」「麦茶を『必要な時しかつくらない』とゆるめた」という人がいました。同じ麦茶づくりでも、三者三様の手放し方です。

2つ目が、**「これから勇気をもって手放すこと」**です。これまで、時間もお金もかけてやってきたことは、「もったいない」気持ちが先行して、手放すことに勇気がいります。この状況は、サンクコストにとらわれているといえます。

「サンクコスト」とは、もう取り戻せない時間や労力、お金などのことです。サンクコストは、意思決定において無視すべきものですが、実際には多くの人がこれに影響され、合理的ではない判断をしてしまいます。キャリアや資格取得など長年投資してきたことが、本当に求めていることではないと気づいた時に、「今までの努力や投資が無駄になる」と、やめられないことがサンクコストの典型例です。

手放したら自分らしくいられないのではないか、特にうまくいっているものを手放したら自分の価値がなくなるのではないかなど、不安になることもあるでしょう。

これらは今すぐには手放せなくても、将来の価値に基づいて意思決定していくことが重要です。あなたの貴重な時間やエネルギーを何に投資すれば最も価値があるのかを考え、いつかは勇気をもって手放しましょう。

３つ目は、**「思い込み」**です。完璧主義な自分や、「べき」「ねば」という思考、人には聞けない、頼れないといった思い込みなどです。これらは具体的なタスクではないうえに、幼少期からの教えや環境で形成された思考であるため、手放すも何も、そもそも自分がその思考に気づいていない場合もあります。

時間の使い方には、その人の価値観が反映されます。「時間がない」「やりたくない」などと感じる時は、その状況が起きている背景を探ってみてください。そうすると、自分が気づいていない思考グセが見えてきます。

手放すことで得られるもの

手放すことで、時間、精神的余裕、成果を得られます。

１日24時間は変わりませんが、やることを手放せたら、やりたいことをやる「時間」を新たに生み出すことができます。

自分の心地よさを軸に無駄な時間を手放していけば、心地よくないことが減っていき、心理的負担もなくなっていきます。「精神的余裕」も生まれます。

また、精神的余裕が生まれると、同じ1時間でも、「成果」に大きな差が出ます。時間的にも精神的にも追われて疲弊した状態や、疲弊を超えて無気力な状態で行うパフォーマンスと、心も体も安定した状態で行うパフォーマンスでは、成果に雲泥の差が出ることは容易に想像できます。

時短、効率化や習慣化などに取り組む前に、まずは日々の心地よくないことを手放すことに意識を向けてください。心地よく時間を使うことの大切さを、じわりじわりと感じていただけるはずです。

時間デトックスは、自分を追い込むのではなく、自分の心身の状態を安定させてくれます。その結果、やりたいことに打ち込むことができるのです。

手放すことはわがまま？ 気持ちよく手放すには

手放すことに対して「自分の嫌なことを誰かに押しつけているようで気が引ける」「やりたくないから捨てるみたいで嫌だ」と、罪悪感を抱く人もいるかもしれません。実際に、手放すことが苦手な人は多いです。

手放すためには、まずは「気づく」ことからスタートしましょう。そして、「心地よくない」気持ちがあると認め、それを手放していきます。

「心地よくない」気持ちを無視しない

人は「心地よくない」「やりたくはない」と気づいても、そのことを保留しようとします。

「今だけ乗り越えれば、何とかなるはず」「私がガマンすればいい」「モヤモヤするのは気のせいかも」「手放すにも、エネルギーも時間も必要」「お世話になっている人の頼みだから」など、理由はいくらでも出てきます。そのため、気づいた後の行動が、無駄な時間を手放せるかどうかの分かれ道となります。

「気づく」ことができたなら、気づいた自分の気持ちを無視しないことが大切です。そして、何に対して「心地よくない」と感じたのか、細かく分解してみてください。

極端な例ですが、「家事全般すべてが嫌だ」と気づいたとします。そこでいきなり「家事は嫌だと気づいたから、今日から全部私はやりません！」と宣言するのは、単なるわがままです。また、たとえそのように宣言したとしても、家族が「いいよ。全部、僕（私）がやるよ！」と言うと考えるのは、あまりにも非現実的です。

かといって、「どうせ自分がやるしかない」「言っても無駄」「私がやったほうが早い」と最初から諦めて、自分の気持ちを飲み込むこともやめましょう。いつまでも時間に追われ、心地よい時間の追求どころか、イライラがつのるのは目に見えています。

一方的な気持ちをそのまま伝えたらわがままになりますが、気持ちを飲み込むことも実は、自分の人生に対する責任放棄です。

すべての家事が嫌だと気づいたら、その気持ちをまずは一緒に暮らす人に伝えたうえで、交渉・解決策を提示していくのが「手放し」です。

手放さない危険もある

また、手放さずに抱え込んでおくことが、結果的に周りの皆を不幸にする可能性もあります。自分以外の人の成長と活躍の機会を奪うことになるからです。

たとえば、家庭において子どもに家族の一員として家事などを任せていくことは、子どもの自立にもつながります。

仕事においては、部下の育成の重要性を認識しつつも、「自分がやったほうが早いし、クオリティを保てる」「まだ任せられる人材がいない」など、任せられずに時間に追われているリーダー層も少なくありません。これは長い目で見ると、生産性向上につながらないため、リーダーの役割を果たしていないともいえます。

特定の人が担当していることが、当人以外にはわからなくなってしまう「属人化」の状態になる危険性もあります。

意図をもって手放していくことは、決してわがままではありません。

手放すコツ――グラデーションで手放す

無駄な時間を手放すことがうまくいかない人は、手放すか手放さないかの「0か100か」で考えているケースが多いです。「やるか、やらないか」の究極な選択にするから、いざ手放そうとすると勇気が必要で、うまく手放せなくなります。

しかも、多くの人が、「仕事」「家事」「ダラダラする時間」など、無駄な時間を大きな塊のまま考えています。**無駄な時間を手放す時のポイントは、タスクをできるだけ細かく、具体的に書き出し、グラデーションで考えていくこと**です。手放せることから手放して、その領域を広げていけばいいだけです。

75ページの図を見ながら、①〜⑤に沿って手を動かしてください。

①まずは、24ページで色分けした①やる必要のあること、色を塗らなかった時間でやっていたことを細かく、具体的にタスクとして書き出してみましょう。

②そのタスクを4つに分けていきます。縦軸を「好き」「好きではない」、横軸を「スイスイ（と行動できる）」「よっこいしょ（と始めるのに気合が必要）」にして4分類していきます。

③右上「好きでスイスイ」は幸せタスク。増やしていきましょう。
右下「好きではないが、スイスイ」は強みタスク。あなたの得意なタスクですが、好きではないなら期限を決めて手放すのが心地よいですね。

左下「好きでもなく、よっこいしょ」は手放し最優先タスク。第3〜5章を参考に、タスクを「捨てる・任せる・ゆるめる」で手放します。

左上「好きだが、よっこいしょ」はタスクが大きい可能性があります。さらに細かくして、スイスイできるようにしましょう。

④下段の「強みタスク」「手放し最優先タスク」をまた4つに分けていきます。横

軸を「かかる時間が短い」「かかる時間が長い」、縦軸を「やった効果が高い」「やった効果が低い」にして4分類していきます。

⑤「効果が高い」タスク（上）は、時間の長さにかかわらず「任せる」。「効果が低い」タスク（下）は、「捨てる」を最優先で、場合によって「ゆるめる」「任せる」を検討。

ちなみに、「好きではないが、スイスイ」の強みタスクが一番の強敵です。スイスイできてしまうからこそ、「まだまだできる」「役に立ちたい」「喜んでもらえるなら」「お世話になっている人のためにNOと言えない」など、やる理由をつくって抱え込みやすくなります。

好きではないことをやる時間は、心地よい時間ではないため、期限を決めて、徐々に手放していきましょう。そうすれば、あなたが好きなことや、やりたいことに時間を使えます。まさに、先述（67ページ）のように、時間・精神的余裕・成果を得られるのです。

手放すタスクを探る

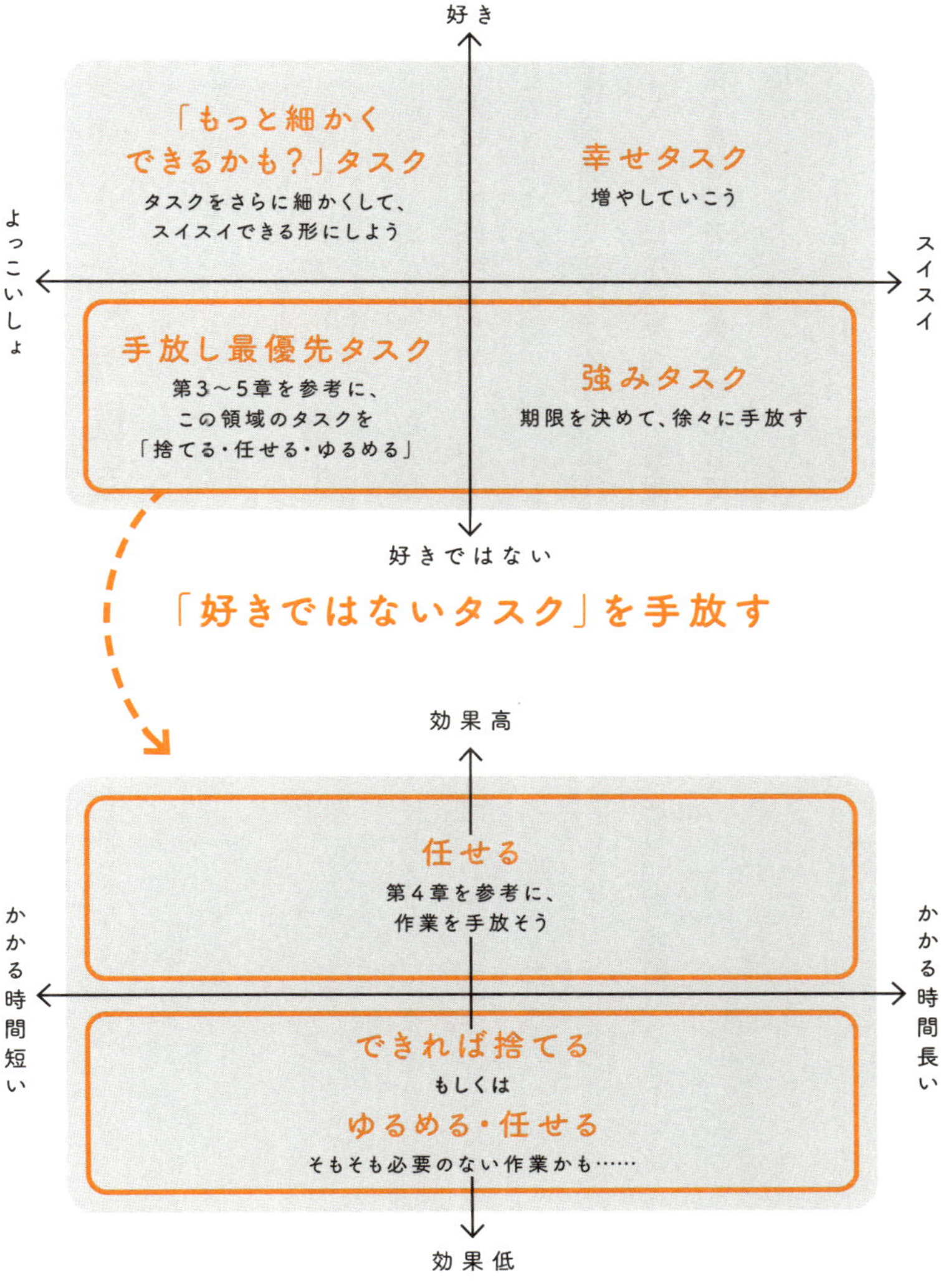
好き
「もっと細かく
できるかも？」タスク
タスクをさらに細かくして、
スイスイできる形にしよう
幸せタスク
増やしていこう
よっこいしょ
スイスイ
手放し最優先タスク
第3〜5章を参考に、
この領域のタスクを
「捨てる・任せる・ゆるめる」
強みタスク
期限を決めて、徐々に手放す
好きではない
「好きではないタスク」を手放す
効果高
任せる
第4章を参考に、
作業を手放そう
かかる時間短い
かかる時間長い
できれば捨てる
もしくは
ゆるめる・任せる
そもそも必要のない作業かも……
効果低

手放さない時間を確保する

睡眠時間は第一優先

やりたいことがたくさんある人や、これまで時間をかけることで目標や夢を実現してきた人は、睡眠時間を削って何とかしようとします。誰にも相談せず、迷惑もかけず、その日の気分や気力で短くできる時間だと思って、(多少寝不足になったとしても)睡眠時間を削ってしまうのでしょう。

しかし、これは逆効果です。**睡眠は心身の健康の柱であり、自分のパフォーマンスの土台であるので、一番大切にしてほしい時間**です。

仕事をはじめる前の10代のように、24時間すべてを自分のために使えないし、20代の頃のように多少の睡眠不足でも何とかなっていた体力もない。30代以降、だましだましギリギリがんばれていた体も、年を重ねるごとに悲鳴を上げていきます。

睡眠不足はパフォーマンスを下げるだけです。がんばっても仕事がはかどらない、ミスや失敗が続く、疲れやすくなる、感情も揺さぶられやすくなる、家族にイライラをぶつけるなど、心地よい時間の使い方とはほど遠くなってしまいます。限られた時間で、やりたいことを実現していくにも、効率がものすごく悪いです。

ただ、やりたいことがたくさんある行動的な人は、睡眠が重要だと頭ではわかっていても、つい睡眠を削って行動してしまいます。

そんな時は、「睡眠最優先ウィーク」と称して、**まずは1週間だけ、睡眠の優先順位を最優先**してください。期間限定だと、ゲーム感覚で取り入れやすくなります。

短期間でも睡眠を優先すると、体調や精神状態が改善されることを体験できます。効果を体感すれば、睡眠の優先度が自然と上がってくるはずです。

睡眠時間を削ってがんばるより、少しでも長く睡眠をとりましょう。

スキマ時間には「パワーナップ」が有効

スキマ時間ができるとあなたは何をしていますか？「ちょっと一息」と思ってＳＮＳを開いたらあっという間に時間が過ぎていたことはないですか？　そうした「もったいない時間の使い方」をしないためにも、タスクを細分化して、スキマ時間ができたら迷わず着手することも大事です。

しかし、**スキマ時間にもやることを詰め込んで、結果的に疲れてしまったら、元も子もありません。**適度な仮眠や休憩、ストレッチで体をほぐす時間も大切です。

特に、午後の眠気や疲労への応急措置として有効なのが「パワーナップ」です。正午から15時くらいの間にとる15分〜30分の短時間睡眠を指します。社会心理学者のジェームス・マース氏が提唱したもので、業務の効率化や集中力向上のために、パワーナップを取り入れている企業もあります。

パフォーマンス力を維持する

自分のパフォーマンス力を維持するために必要な時間も確保しましょう。「パフォーマンス力が維持できている状態」とは、心身ともに、頭まで元気な状態を指します。

体の元気は、やはり睡眠時間やリラックスする時間を確保してこそ維持できます。

心の元気は、余裕がある状態でいることで維持されます。人は余裕がないことには、些細なことでイライラしたり、何事もネガティブにとらえて意欲がなくなったりしますよね。

頭の元気は、クリエイティブな発想ができたり、やることをサクサク進められたりする状態を指します。たとえば私は、執筆やセミナー・研修の講師の仕事で、毎日アウトプットをしています。しかし、アウトプットばかりしていると、干上がった湖で底の土が割れるように、アウトプットをしたくてもアイディアが出ない状態になります。だからこそ、アウトプット以上にインプットする時間を確保しているのです。

インプットというと、本を読んで知識を得たり、何かを学んだりすることがイメージしやすいですが、それだけではありません。脳に刺激を与えるという意味で、自然や芸術に触れたり、頭をリセットしたりすることもインプットに含まれます。

無駄な時間を手放すといっても、何でも手放せばいいという話ではありません。つい削ったり、後回しにしたりしてしまう睡眠時間・スキマ時間・パフォーマンス力を維持するための時間は先に確保してください。そうすることで、あなたの24時間の価値がさらに高まります。

理想と現実のギャップを埋めよう

ここでは理想の1週間の時間の使い方も書き出してみましょう。そして、実際の1週間のログ（24ページ）と比べて、現実と理想の時間の使い方のギャップを自覚し、そのギャップを埋めるためにできることを考えてみましょう。そうすることで、必要な時間や不要な時間を自覚して、不要な時間を手放すことにつながっていきます。

自分にとっての心地よい時間の使い方を書き出すのが、まさにこの「理想の1週間」の作成です。「手放したくない時間」や、逆に「手放したい時間」も意識して書き出してください。実行できるかどうかは、まずは考えなくて大丈夫です。

――一つずつ手放せば「理想の1週間」に近づいていく

まず起きる時間を決めて、そこから睡眠時間を逆算して、寝る時間を決めます。

寝る時間が決まったら、「夜の時間」「夕方の時間」「日中の時間」と、過ごし方が決まっていきます。

一度書き出してみて、時間が足りない場合は、詰め込みがちな時間帯を見直していきましょう。

現状と理想の1週間を書き出して比べると、そのギャップを把握できます。ギャップを把握したら、手放す無駄を決めて、一つずつ手放していきます。それを続ければ、理想の1週間の過ごし方に近づいていきます。

ただし、書き出した理想の1週間が、本当の理想ではない場合もあります。いざ実行してみたら違うことはよくあることです。その場合は、新たに理想の1週間を書き直してみてください。何度でも書き直して、行動に移していくことで、納得のいく1週間の過ごし方に近づいていきます。

第 3 章

デトックス①
捨てる

「時間がない！の焦り」を捨てる

「時間がないという焦りを感じながら毎日を過ごす人」と、「自分の計画通りに時間を使えて、焦りを感じずに毎日を過ごす人」ではどちらの幸福度が高いでしょうか？

「時間がない」という焦りや不足感を感じていると、それだけでもったいない時間を過ごすことになります。今すぐ「時間がない！の焦り」を捨てて、時間の不足感から解放されましょう。そこで、「時間がない」と焦りを感じる3つのポイントと、それぞれの解消法を見ていきます。

①「見積もりが甘い」から焦る

「時間がない」最大の原因は、やることの詰め込みすぎです。もっといえば、多くの人が、実際にかかる時間より少ない見積もりで計画を立て、「終わらない！」と時間に追われる状況をつくり出しています。

そもそも、時間を見積もっていない人もいるでしょう。見積もらずにタスクに着手し始めると、想定以上に時間がかかり、締め切りに間に合わない事態が起こります。また、何となくの感覚で「これくらいかかるだろう」と時間を見積もっている人も同じです。時間の見積もりが甘いと、予定がどんどん押していき、時間に追われる状況になります。

人は、時間を見積もる時、不測の事態が起こらないことを前提に、自分のベストな状態を想定して設定します。たとえば、急な電話対応が必要になったり、体調を崩したりするなど、不測な事態が起こることは決してまれではありません。

そのため、**やること一つひとつに、どれだけの時間がかかるのか予測して見積もる習慣をつける**ことがまず重要です。さらに、その見積もり時間をできるだけ正確にしていくことが、時間に追われる焦りからの解放につながります。

まずは**1週間、何にどのくらい時間がかかっているか、ログ（記録）をとってみて**ください。「毎日、すべてのタスクのログをつけなければ」と思うと窮屈《きゅうくつ》になるので、気づいた時だけで大丈夫です。実際にかかった時間を記録していきましょう。

その後は、**そのログをもとに、やることの見積もり時間を出していきましょう。**先ほどもお伝えした通り、同じタスクでも状況や環境によって、かかる時間に差が生まれることはもちろんあります。1分のずれもなく正確な見積もり時間を出すことが目的ではありません。「いつもだいたい、このくらいの時間がかかるのだな」と、平均値を割り出すイメージです。軌道修正できる範囲の誤差であれば問題ありません。

見積もり時間を出した後は、結果的にかかった時間も必ず書き出しておきましょう。書き出してみると、思っている以上に時間を甘く見積もっていたことに気づくはずです。次回以降は、このログをもとに見積もります。

この「見積もり時間の予測→実行→結果時間のチェック→見積もり時間の修正」の繰り返しが、見積もり時間の精度を上げるポイントです。

発生頻度の少ないタスクや、初めて取り組むタスクに関しては、そもそも見積もり時間の設定が難しいと思います。

このような場合は、**正確な見積もり時間を出すことより、バッファ時間（詳しくは90ページを参照）を多めに取ることを意識してみて**ください。目安としては、「このくらいかかるだろう」と見積もった時間の3倍の時間です。

②「先が見通せない」から焦る

「時間がない」焦りを生み出す原因の一つに、「先が見通せない不安」もあります。

「やりたいことはあるけど、何があるかわからないから先の計画は立てられない」「何かあったらキャンセルしないといけないから、先の予約を入れられない」と言って、予定を決めることを先送りにする人もとても多いです。

そうすると、予定が決まるまでは、いつまでも同じことを繰り返し考えることになります。それは、時間にとっても脳内メモリにとっても無駄な消費で、結果的に普段のパフォーマンス力も低下させるのです。たとえ「やる」と決めた時でも、結局直前になって動くため、すべてが急ぎになり、疲弊してしまうのです。

もしも、「いつ」かを決められないのであれば、おおよそでいいので、**「○年△月に、**

やるかやらないかを含めてもう一度考える」と、前に飛ばしましょう。自分の意志でボールを前に投げるように「未来で待っててね！」とポジティブな気持ちで、そのやりたいことを飛ばすのです。まさに「決めるタイミング」を「決める」のです。

そして、この「決める」が時間のコントロール権を握ることです。最初は先の予定を入れることに不安を感じるかもしれません。私もはじめは「何があるかわからないし……」と、ドキドキしたものです。しかし、今は1年先の仕事もあるので、時間の見通しを長期視点でできていないと、「時間」に翻弄されかねません。プライベートに関しても、半年に1回の定期健診や美容院の予約なども、必ず次の予約をして先を見通せるようにしています。

先に予定を固定すれば、それをもとに今後の予定を決めていけるので、悩まずに済みます。「予定が入るかもしれないから、別の予定を入れるのをやめておこう」などと考える必要もありません。**決まった予定を手帳に書き込み、見える化すると、余裕がある時期と余裕がない時期もわかるので、計画も立てやすくなります。**

先の予定を入れるのは、誰かとの約束だけではありません。**やりたいことや、夢や目標など、自分との約束もしっかり先に時間をブロック**していきましょう。むしろ、自分との約束を先に入れてください。そうしないと、「時間ができたらやろう」といつまでも後回しにしてしまうのです。

今、「時間がない！」という人も、数カ月先の予定はまだ余裕があるのではないでしょうか。余裕があるうちに、自分のやりたいことをする時間をブロックして、スケジュールに入れてください。

ただし、スケジュールに入れるだけで満足してはいけません。自分との約束をした後に、誰かから誘われたり、仕事の依頼が入ってきたりしたら、**「守らなくても誰にも迷惑はかからないし、急ぎではないし」といって、自分との約束を簡単に破っていませんか？**　それは「自分との約束はどうでもいい」と言っているようなもの。自分の時間を大切にできていない証でもあります。それでは、心地よい時間の使い方とはいえません。

もちろん、自分との約束を絶対に動かすなと言っているわけではありません。臨機応変に対応すべき時もあるでしょう。そういう時は、**自分との時間を別の日時で新たに必ず確保してください**。キャンセルではなく、変更です。その変更も回数制限を設定するなど、自分との約束を守る工夫をしてみてください。

③「バッファ（余裕）がない」から焦る

見積もり時間の誤差がなくなると、実現可能な計画を立てられるため、時間がないという焦りも解消されていきます。念には念を入れて、バッファ時間を設けておくと、さらに心のゆとりを持つことができます。「バッファ」とは、英語で「緩衝材」という意味で、ビジネスシーンでは「余裕を持たせる」という意味で使われます。

このバッファを最初からスケジュールに組み込んでおけば、遅れやスケジュールを取り戻すことができ、場合によっては前倒しで進めることができます。

このバッファ時間の設定方法を3パターン紹介します。どこに組み込むのが自分にとって適しているのか、試してみてください。

まずは、**「タスクごとにバッファ時間を設ける」**パターンです。たとえば、「見積もり時間30分のタスクに、10分のバッファ時間を組み合わせる」など。

次は、**「1日の最後にバッファ時間を設ける」**パターンです。たとえば、「終業時間1時間前の17時～18時は、アポイントを入れない」など。

最後に、**「1週間の最後にバッファ時間を設ける」**パターンです。たとえば、「金曜日を丸々バッファ時間として、何もスケジュールを入れない」など。

バッファ時間は、締め切り間際に慌てないようにするだけでなく、不測の事態でできなかったことをする時間に充《あ》てたり、やりたかったことをさらに進めたり、心のゆとりを生んだりしてくれます。バッファ時間をスケジュールに組み込む習慣をつけていきましょう。

バッファ（余裕）を設けよう

パターン1 タスクごとにバッファを設ける

パターン1 1日の最後にバッファを設ける

パターン3 1週間の最後にバッファを設ける

「時短・効率化・タイパ最優先」を捨てる

やりたいことがたくさんある人は、すべてをやりたい気持ちが強いがために「効率的にできる方法はないか？」「時間を短縮できることはないか？」と考えます。

最近では「タイパ（タイムパフォーマンス）」というように、「時間対効果」を考える人も多いです。ここでも大事なのは、**「何のために時短・効率化をするのか」**です。

ちなみに、「タイパ」は費やした時間と得られた満足度に比例するため、「質」を重視する概念といえます。一方、「時短・効率化」は、時間を節約することが目的となりがちで、その場合は「量」に着目しているといえます。

──現代人は「タイパ」がお好き？

「セイコー時間白書2024」では、「日常による時間の使い方」について、現代社会で重視されるタイムパフォーマンスの実態を調査しています。15歳～69歳の男女

1200人を対象に、普段の生活でのタイパ意識について聞くと（複数回答）、58・0%が「タイパを意識して行動している」と答え、78・5%が「なるべく早く正解にたどり着きたい」、71・5%が「なるべく無駄な時間は過ごしたくない」と答えています。現代人の多くが、日常的に時間効率を重視している様子がうかがえます。

また、生活の中でタイパを重視する理由として、「効率よく情報を得たいから」「無駄なことに時間を割きたくないから」が上位をなしています。

タイパを考える時によく例に出されるのが、ドラマや映画、動画の倍速視聴です。「テレビや動画を観る時間を短縮したい」「会話についていくために、話題のものは一通り観ておきたい」といった理由で倍速視聴を好む人が増えているのです。

これもまた、ドラマや映画を何のために観るのか、という目的が重要です。周りの人との会話についていくためであれば、ドラマや映画は「会話に必要な情報を得る」ことが目的になります。それならば、タイパを意識した倍速視聴は理にかなった選択だといえるでしょう（そのよし悪しはここではおいておきます）。

けれど、リラックスやリフレッシュをするために、ドラマや映画そのものを楽しみたいのであれば、タイパを意識する必要はありません。倍速視聴では、ドラマや映画をじっくりと味わうことはできないからです。

「タイパ」は誰のため？

タイパの目的は一体何なのか。確かに、タイパは限られた時間で成果や満足感を得るうえで、必要な視点ではあります。

しかし、**目先の効率化に目を向けるあまり、長い目で見た「人生の充実」からかけ離れてしまっているのではないか**と感じるのです。「経験をする」という機会を喪失することは、人生が機械的になっているように感じます。目には見えないけれど、実は、人間にとって大きなダメージになっているのではないでしょうか。

「セイコー時間白書2024」でも、タイパが定着した社会の中で、「何においてもタイパのよさを求められることに違和感がある」が52・9％と、半数に及んでいます。

また、73・8％の人が「時には立ち止まってひとつのことを考えたい」と答えている一方で、52・4％は「立ち止まって考える時間が取れていない」と答えています。

また、49・8％は「何もしない時間を増やしたい」と答えていますが、35・9％は「何もしない時間は怖い・不安だと思う」と答えています。

立ち止まってじっくり考えたい、何もしない時間を増やしたいと思う半面、何もしない時間は逆に不安に感じてしまう……。そんな相反する考えが共存し、どちらにも定まらず戸惑う様が感じられるといいます。

まさにこの状態が、もったいない時間の使い方になっていると思うのです。ここで大事なのは、**「タイパ」か「じっくり」か、究極の二択にしなくていい**ということです。やることによって、タイパを意識するのか、じっくりと時間を使うのか、自分で手綱を握るのです。つまり、24時間をどう使うのか、自分で決めるということです。

その時に注意すべき点が、目先の「時短・効率化」にとらわれすぎないということ。**趣味の時間や何かに没頭する時間、リラックスするための時間も、効率を考えずに時の流れに身を任せると心身のリセットになります。**心の充足になり、その時間だけでなく、その後の時間も豊かなものになるのです。

そして**24時間の時間の使い方は、自分を主語にして決めていくこと**が大切です。先ほどの例ならば、「周りの人との話についていくために倍速で動画を視聴する」ではなく、「自分が早く結末を知りたいから倍速で視聴する」と、他人軸から自分の行動を決めるのではなく、自分軸で時間の使い方を決める。「何もしない時間は怖い・不安だと思う」のは、他人の目や世間一般を気にしすぎているからではないでしょうか。

はじめはドキドキするかもしれませんが、「自分がこうしたいから、こうする」と決めると、時間に対する満足度は自然と上がっていきます。

「ご褒美の『やりたいこと』」を捨てる

やりたいことを書き出しても、その思い入れの濃度はもちろんそれぞれ異なります。本当にやりたいこと、やってみたいこと、とりあえずやりたいことに入れていたことなど、さまざまな「やりたいこと」が入り混じっているでしょう。

その中でも**「本当にやりたいこと」に時間を充てるためには、それほどではないものは手放していく**必要があります。

「やりたいこと」を詰め込めば幸せ？

ひとことに「やりたいこと」と言っても、その行為自体が「ご褒美」になってしまうことがあります。もちろん、ご褒美自体は悪いことではありません。楽しい時間を組み込んで、充実した日々を過ごすことはとてもいいことです。

ただ、その「ご褒美」が、足りないものを補うための手段になってしまうのは、やりたいことをやって、豊かな時間・人生を過ごすことには直接的にはつながりません。

私も社会人になってから数年間、K－POPアイドルのライブに行くのを楽しみにしていました。今でいう「推し活」を日々の生活のうるおいにしていたのです。

しかし、その楽しい時間は、仕事や人間関係のストレスを解消するための手段になっていました。ライブの時間や前後の時間、仲間と推しについて話している時間はものすごく楽しいのに、その時間を増やしても、どこか満たされないのです。

なぜなのか、今ならわかります。

それは、**楽しい推し活以外の大半の時間が、「やりたくないけど、やらなきゃいけない」時間で埋まっていたから**です。

当時の私は夢が破れた頃で、希望にあふれた社会人生活を送ってはいませんでした。大学を卒業したからには、何でもいいから働かなければ、そんな思いで日々を過ごしていました。そんな状態で主体的に働けるわけがありません。仕事は仕事と割り切って淡々とこなす一方、それ以上のことを自主的にやるわけでもなく、自分の強みもわからず、低空飛行が続く感覚。何をやっても悪循環でストレスフルな状態でした。「仕事はがんばりたいのに、何でうまくいかないんだろう」と思いながらも、「仕事なんてそんなものだ」「みんながんばっているのに甘いこと言うな」「やりたいことを仕事にできる人なんて一握りだ」「転職するにしても3年は踏ん張らなければ」と、それらしい理由で自分を納得させていました。そんな当時の私にとっての救いが、「推し活」だったのです。

しかし、マイナス状態の自分を、瞬間的にプラスの状態にできても、持続はできませんでした。むしろ、日々の生活とのギャップから、気持ちのアップダウンが激しかったため、余計に日々の生活のストレスを大きくしていたと思います。まさに、手綱を手放した状態。馬から落下しないように何とかしがみついている状態です。

そしてある時、気づいたのです。**やりたいことをいくら詰め込んでも、やりたくないことをしている限り、やりたいことをやっている時間を最高にすることはできない**と。あくまでその場しのぎの対処法にすぎないと。

冷え性だからと、厚手の靴下を履いて冷えをしのいでも、冷えを生み出している生活習慣を改善しなければ、冷えの根本的な改善にはならないのと同じです。

自分の行動で「時間の価値」を上げる

そこで改めて、やりたいことを詰め込む前に、やりたくないと思っている時間の価値を高めることはできないか考えました。

この時、まず自分に問いかけた言葉は「今死んでも後悔しないか？」でした。そして、「この仕事を一生続けたいか？」「グチをこぼしながら生きたいか？」と問いかけたら、答えは「NO」でした。グチを言い続けている自分の姿を想像した時に、「そんな人生は嫌だ」「グチに使っている時間がもったいない」と思ったのです。

具体的に何をどうすればいいかはわかっていなかったけれど、とにかく今の状況を打破するために「アクションを起こすこと」だけは、自分と約束しました。

自分と約束をして、その約束を守るためにも、理由づけをしっかりと自分の中で腹落ちさせておく必要があります。私の場合は、「グチに時間を使うのがもったいない」「こんな人生で終わるのは嫌だ」という心からの気持ちでした。

その後は、「今の仕事でもっとできることはないか？」「部署異動の希望を出すか？」「転職するか？」など、あらゆる可能性を考え、できそうと思ったことは行動していきました。

最終的に、留学することを決意しました。留学資金を貯めるという明確な目標もでき、仕事にも意欲が出ました。そして、留学までの間、語学教室に通う目標ができたことによって、プライベートの時間がより充実していきました。

オセロゲームのように、一気にすべてをひっくり返すことはできなくても、少しずつ変えていくことはできます。時間も同じです。**すべての時間を一気には「やりたいこと」の時間に充てられなくても、自分の意志で徐々にシフトすること**もできます。

時間の価値は、自分で上げていけるのです。

「目の前のタスクを最優先」を捨てる

やることをたくさん抱えている「時間がない人」は、とにかく目の前のタスクから取り組もうとします。締め切りが迫っているものなど、緊急度の高いことから取り組むことになります。それはつまり、いつまで経っても締め切りに追われていて、気持ちが常に焦っているということです。そうならないためにも、締め切りが迫る前にそのタスクを完了していく必要があります。

スティーブン・R・コヴィー博士が『7つの習慣』（キングベアー出版）で紹介した方法では、「緊急度」と「重要度」を軸に、4領域に分けて優先順位を決めています。

第1領域：緊急かつ、重要なこと

第2領域：緊急ではないが、重要なこと

第3領域：緊急だが、重要でないこと
第4領域：緊急でも重要でもないこと

目の前のタスクを最優先する状態は、いわゆる緊急度の高いタスクである、第1領域と第3領域を優先的に取り組んでいる状態です。

まずは、第3領域の「緊急であるが、重要でないこと」のタスクを見直していきましょう。たとえば、特に議題がなくても開催される定例ミーティングや、重要ではない電話や報告書、無意味なつき合いなどが、この領域にあてはまります。

この第3領域は、自分にとって重要ではないが、組織の誰かがやらなければいけない緊急性の高いタスクや、緊急性は高くても自分にとっては重要でないタスクでもあります。AIやデジタルツールの導入、ミーティングや報告書の定義の見直しなど、組織内で、この領域のタスクを軽減する方法を検討する必要があります。

個人においては、LINEのやり取りやセールスなどの営業電話、急なお誘いなどがこの領域です。こういったものは、**相手のペースではなく、自分の判断でどうするのか決めていきましょう。**自分でコントロールができます。

時間管理のマトリクス

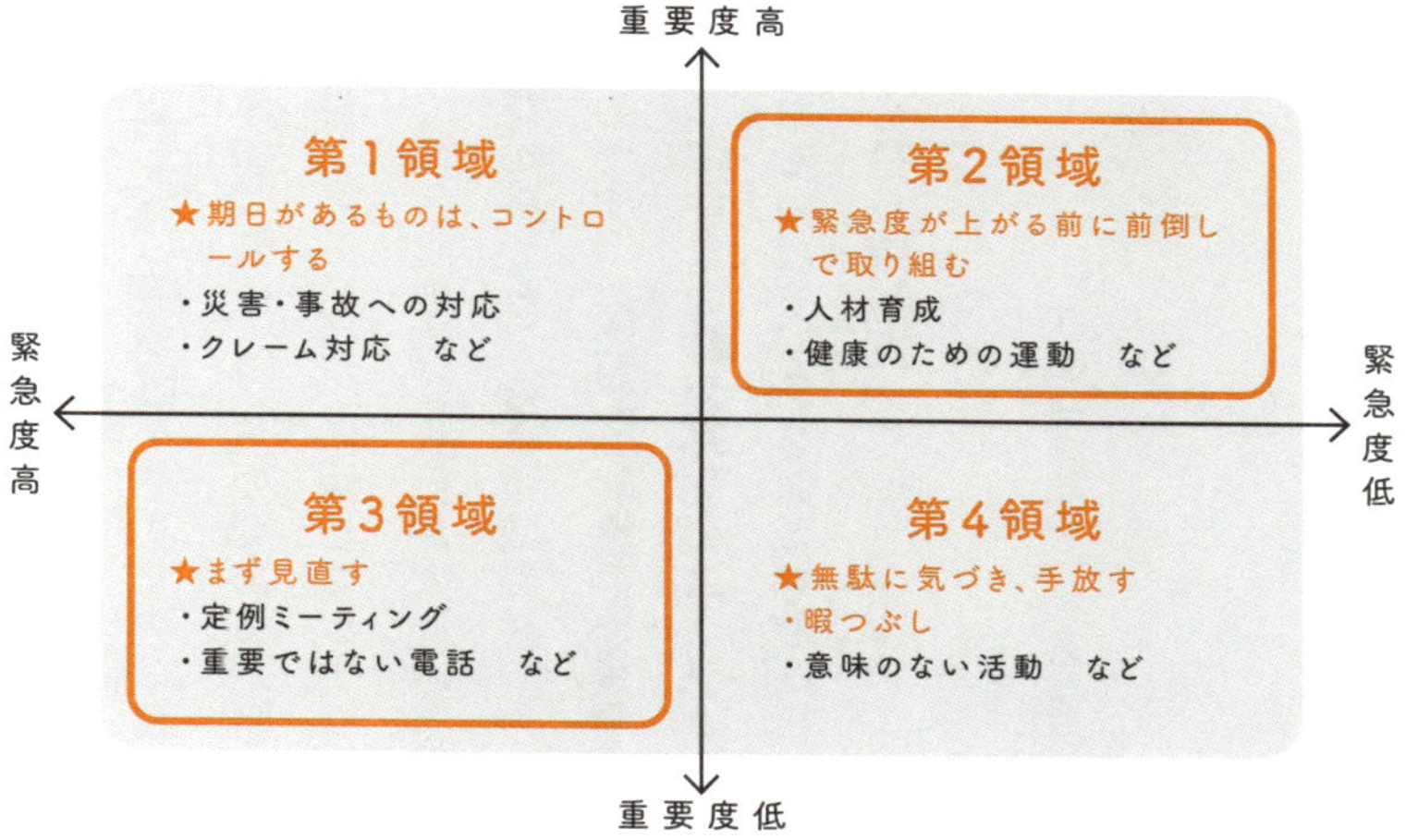

締め切りが迫る前にタスクを完了させる

肝心なのは、第1領域です。「緊急であり、重要な」第1領域は、災害、事故、病気などへの対応、クレーム対応、期日の迫った仕事などがあります。災害や事故など、今、目の前で起こったことに対する対応は事前にどうしようもありません。病気やクレーム対応も、事前に対策はできても完全には防げないため、緊急の対応が必要になる時もあるでしょう。しかし、期日は自分でコントロールができます。

期日は、自分で時間の見積もりができ、先の見通しも立っていたら、事前に調整、交渉できます。だからこそ、常に時間の見える化と把握が必要なのです。

また期日に関して、カギとなるのが第2領域です。第1領域は、緊急で重要だからこそ、常に締め切りギリギリで焦っている状態です。この第1領域だけに毎日時間をかけてしまうと、重要であるが緊急ではなかった第2領域のタスクが、結局緊急で、重要な第1領域に昇格してしまうのです。まさに時間に追われ続けるループです。これでは、心理的に負担が大き過ぎます。

だからこそ、第2領域のタスクの緊急度が上がる前に、前倒しで取り組む必要があるのです。「緊急なこと」に追われるループから抜けるには、**まだスケジュールが埋まっていない数カ月先のスケジュールに、先に第2領域を取り組む時間をブロックしておく**のです。第2領域を取り組む時間を多く確保できるほど、時間に追われない時間の使い方に変えていけます。

「ワクワクの後回し」を捨てる

スケジュールを決める時は、緊急度が高い今すぐやるべきことや、人との約束からスケジュールを押さえていく人がほとんどです。

しかし、このスケジュールの立て方が、時間に追われる原因となります。**スケジュールを立てる時は、先に「やりたいことの時間をブロック」することが重要**です。

誰かとの約束に対しては、必死でスケジュールを調整して、本当は自分の楽しみのために取っておいた時間を「ここだったら空いています！」と軽々しく差し出していませんか？

これは、とても大切で価値ある「自分のやりたいこと」に対して、「時間ができたら」という都合のいい言葉で後回しにし、その価値を落としています。**やりたいことだけでなく、自分をないがしろにしているのと同じ**です。

「そんな大げさな」と思う人もいるかもしれませんが、考えてみてください。もしも自分の子どもが、自分のやりたいという純粋な気持ちを見ないふりしていたら、どう感じますか？　私は、想像するだけですごく悲しいし、怒りすら感じます。自分の時間を差し出すということは、それを自分にしているということです。

せっかくやりたいと思っていても、いつやるのかを自分が決めないと、いつまで経っても取りかかれません。あっという間に、1年、2年と過ぎていきます。

自分がワクワクすることは、すぐできることから、継続的に時間をかけて実現することまで、大小さまざまだと思います。どちらも無視せず、その時間をしっかり取っていきましょう。今、時間がなくても、**時間がある時にあらかじめ、自分との約束をスケジュールに入れておく。**これは、自分が心地よく時間を使うための鉄則です。

「毎日のＴＯ ＤＯリスト」を捨てる

タイムコーディネートでは、**タスクを１週間単位で管理する**ことをおすすめしています。その理由は、突発的事態にも対応でき、臨機応変に、やるべきことを確実に進められるからです。

急に仕事が割り振られたり、自分や家族の体調不良で動けなくなったり、予期せぬことは突然起こります。しかも、その予期せぬことは緊急な対応が必要となるので、予定をもう一度立て直す必要が出てきます。

毎日軌道修正するのは時間もかかりますし、何より大変です。それに、「今日も急な対応で、やりたいことができなかった」と、自分を否定する時間が頻繁に生まれてしまいます。タスクを１週間で管理すれば、その不必要な時間を省けます。

ここで、「タスク」と「ＴＯ ＤＯ」の違いも明確にしておきましょう。

「TO DO」は期限設定がないことです。いつかやろうと思っていること、やらなければいけないことを思いつくまま書き出した状態で、期限を設けていないから優先順位も一目見ただけではわかりません。または、すぐに終わりそうなものから取り組んだら、結局すべての「TO DO」が終わらない可能性もあります。

一方で**「タスク」は、期限があること**です。期限が明確なら、一目見て緊急度がわかります。「何からやろう」「次は何をやろう」と迷う時間を省くことができますね。

まずはやることを書き出したら、「TO DOリスト」のままにせず、期限を設定した「タスク」にして、優先順位をつけて取り組んでいきましょう。

タスクの50％は1時間以内に終わると言われています。終わったタスクに線を引いて消していくのは、達成感もあって快感を得られるものです。

ただし、小さなタスクをこなしては「今日もやることが進んだ！」と錯覚するのはとても危険です。小さな充実感を得ることで、時間や労力がかかる、本当に重要なやるべきことが後回しになっている現実に、気づいていない恐れがあるからです。

毎日の「TO DOリスト」を捨てて、1週間単位でタスク管理をしていきましょう。

「年間目標」を捨てる

新年になると、「今年の目標」を立てる人も多いと思います。ところが、4月や5月に「新年に立てた目標」を聞くと、多くの人が覚えていません。ある研究によると、新年に立てた目標を年末まで覚えている人は1割に満たないそうです。9割の人が忘れてしまうなら、「年間目標」は不要ではないでしょうか。

大事なことは、**立てた目標を達成すること。達成するためには日々の行動に分解して、実施していくこと**です。

目標が大きければ大きいほど、中間のゴール設定も難しいものです。「目標を立てても、そこから必要なタスクを棚卸しできない」というご相談はよくあります。これはまさに、期間が長すぎることが原因です。**「目標・計画・タスクの分解」ができなければ、目標達成はほぼ不可能**と言って過言ではありません。

そうならば、「(年間目標などの)長期目標を立てなければいけない」という思い込みは、思い切って捨ててしまいましょう。特に、個人のやりたいことにおいては、地に足のついた、**実行可能な行動計画を立てるためにも、年間目標を4つの3カ月目標に分解する**ことをおすすめします。3カ月目標だと、ゴールまでに必要なタスクを想定しやすいからです。

そのうえ、持ち時間を現実的に把握できます。今、目標を立てたとして、目標達成に向けて行動できる時間がどれくらいあるでしょうか。1カ月先、2カ月先までは、すでに予定が入っていることもあるでしょう。それを前提に置いておかないと、理想上での計画になり、最初からつまずくことになります。

「年間目標」を立てる不都合は、他にもあります。

たとえば、行動すれば目標が変動することもよくあります。「一度目標を立てて行動に移したら、思ったほどやりたいことではなかった」「実は、より優先順位の高いことがあった」など、行動したからこそ気づくことが多々あります。

また、年間目標は「今じゃなくても、この1年で達成できればいい」と、言い訳もしやすいのです。後回しにして、気づいたら数年が経っていた、となりかねません。感染症の影響で、そのうち行こうと思っていた海外旅行に行けなくなることも起こります。世の中は、自分中心に待っていてはくれないのです。

個人の目標に関しては、年間目標のような長期目標ではなく、スモールサイズの目標のほうが、実現可能な計画を立てられそうではないでしょうか。

年間目標の代わりに、3カ月目標を4つ立てましょう。もちろん、その4つの目標がすべて達成できたら最高ですが、そうでなくても、やりたいことが着実に進んで1つないしは2つ、3つと達成できる可能性が高まります。大きな1つの目標だけだと、達成できたかどうかになります。ところが、目標を細分化すれば、たとえ時間の見積もりが甘くても、目標に対してやりたいことがより現実的に、着実に、進められます。

「いつか時間ができたら」を捨てる

「いつか時間ができたらやろう」と思って、ずっとその場所にステイさせている「やりたいこと」はありますか？

あなたを責めているわけではありません。誰しもが「いつか時間ができたら」と思いますが、**「いつか」は自分で「いつ」と決めなければ、残念ながら一生できません。**

これは、「人間はもともと怠け者」という話につながります。長年私は、やりたいと思いながらも、ピラティスを始められずにいました。

「他にやることがたくさんある」「スタジオを探すのも億劫《おっくう》」「立地が悪い」「予約が面倒」「子どもを送って家に戻ってきたら、もう外に出たくなくなる」など、やりたい理由よりも、やりたくない理由が上回り、ピラティスを始められずにいたのです。

ところが、ある日突然、「やりたい」が「やる」に、「いつか」が「いつ」と決まりました。前から行きたいと思っていたカフェが、何気なく目星をつけていたピラティスのスタジオと近かったこと、そのスタジオの紹介クーポンをいただけたことが重なったのです。この機を逃すまいと、ピラティスの体験会に予約しました。

ひょんなきっかけでピラティスに通い始めた私ですが、子どもを送ったらカフェで仕事をし、ピラティスに行き、カフェに戻ってホッと一息つくというゴールデンルーティンが確立し、ピラティスを継続できました。

「やりたいこと」が実現したのは、**「やりたい」を「やる」に、「いつか」を「いつ」にセットしたから**です。「いつか時間ができたら」の状態では、永遠に「やりたいことをやる」時間は来ません。「いつか時間ができたら」という淡い期待はさっさと捨てて、「いつ」を決めてしまいましょう。

「過大評価」を捨てる

非現実的な理想の計画を立ててしまうのも、見積もり時間が甘くなるのも、モチベーションさえ保てれば目標達成できると思うのも、睡眠時間を削ればなんとかなると思うのも、すべて自分への期待が高すぎる証拠です。

自分で立てた計画を達成できずに、「こんなこともできないなんて自分はダメだ」と言うのも、自分を買いかぶりすぎです。人間はもともと怠け者なのです。

時間の使い方や計画の立て方に関して、多くの人は自分を「過大評価」しています。

とある研修で、参加者に24時間の使い方を書き出してもらったところ、「睡眠時間は6時間、（通勤時間を含め）仕事にかかわる時間が15時間」という方がいました。この方は、「やりたいことがあるのに時間がない」と悩んでいましたが、その解決法は、自分がもっと効率的に時間を使えるようになることだと考えていました。

ところが、時間の使い方を書き出すことで、睡眠時間と仕事時間を除いたら、1日に3時間しか残っていない現実をやっと直視できたのです。食事やお風呂、身支度などで、3時間なんてあっという間に過ぎてしまいます。

これでは時間に追われるのは当然です。自分がさらに努力をして、時間を効率的に使えるようになったら解決する問題ではありません。

この方は、自分の現実を自覚し、「残業をしない」「往復3時間かかる通勤時間を有効活用する」と、自分で決めました。具体的な行動を自覚したのです。

時間に関する「過大評価」は、実現可能な計画を立てていないだけです。現実を見ずに、見積もり時間が甘いからこそ生じるのです。

やりたいことをやること、そして、目標を達成し夢が叶うまで、自分が動き続けられる行動計画を立てていくことがポイントです。

と、えらそうに書きましたが、実は先ほどのピラティスの話には続きがあります。

6カ月間ピラティスを継続できたものの、その後6カ月間、まったく通えなくなってしまったのです。

その原因は、もともと懸念していた自分の面倒くさがりが出たためです。「子どもを送った後は、約束がない限り外に出なくなるだろう」とわかりながらも、「大丈夫。ランチの時間まで仕事したら出かけられる」と、自分を過信していました。ところが昼食を食べると、「やっぱりこのまま仕事しよう」と、結局外に出ず、家にこもってしまいました。その後も、仕事や忙しさを理由に、6カ月間、まったく通えませんでした。

もちろん、私よりも意志が強く続けられる人はいると思います。しかし、**人間は「やる理由」より「やらない理由」を優先してしまう**こと、時間に関しては誰もが「過大評価」をしてしまうことを、私を含め、皆さんも自覚する必要があるようです。

私も自分の「過大評価」を認め、改めて実現可能な計画を立て直した結果、ピラティスを再開することができ、今は改めて6カ月継続中です。

「決断後の迷い」を捨てる

決断力がある人とは、どんな人のことでしょうか。『広辞苑　第六版』（岩波書店）には、「決断力」について、「判断に迷う場面で、一つに決められる能力」とあります。

「決断力」は、特にビジネスパーソンに求められるスキルだといわれます。今は、答えのない中でも最適解を出すことが求められる時代です。複数の案件を進行しながら優先順位をつける必要性があります。

ケンブリッジ大学のバーバラ・サハキアン教授の研究によると、「食べるもの」「着る服」「これからすること」など、人は1日に最大3万5千回の決断をしています。

仕事以外の生活でも、もちろん決断力は求められます。

決断後に迷わない決断をする

決断力にはスピードも求められますが、スピードよりも先に重要なのは、決断後に迷わないことです。

もったいない時間の使い方の一つが、悩んだ挙句、何もアクションを起こさずに終わってしまうこと。時間だけが過ぎても、何も変わっていないパターンです。

まずは、「必ず決断する」と決めます。決断を先延ばしにすると、いつまでも同じことを考えるようになります。それは時間の浪費にもなり、脳内メモリの消費にもなり、結果的にパフォーマンスも低下します。だからこそ決断の速さも重要ですが、まずは「必ず決断する」と決めましょう。

そして、決断後の後悔、不安、迷いを手放すためにも、決断前にじっくり調べ、検討することは重要です。

私たちは正解のない答えを出さなければならない瞬間がたびたびあります。どの学校を受験し進学するか、就職はどうするのか、転職は？　結婚は？　など、決断の岐路に立つことはあっても、正解はありません。

だからこそ、**決断する前にじっくり検討し、出した決断を、行動で正解にしていく**しかありません。であれば、検討するにしても、ずるずると時間だけ浪費してはもったいないです。必ず「いつまでに決める」と決めましょう。

人生に影響を及ぼすような大きな決断は「覚悟が決まるまで」と先延ばししがちです。しかし、人間は期限を決めるからこそ真剣に考えます。仕事の案件などは、複数人がかかわるため、期日を決め、その期日に向けて各自が必死に準備をします。ところが、個人のことに関しては、約束相手が自分だけなので、その期限決めも甘くなります。「自分で決めたことは自分で守る」ことこそが、やりたいことをやっている人たちの特徴です。

「メール・パソコンのデータ」を捨てる

「仕事ができる人は、机の周りがきれいに片づいている」と、耳にしたことがありませんか。デスクの上が書類などで散らかっていると、余計なものが目に入ってくるため、仕事に集中できなくなるからです。

年間150時間、ビジネスパーソンは探し物に時間を費やしているという調査結果があります。忙しい時ほどデスク周りが汚くなり、探し物で余計に時間がなくなる経験がある人もいるでしょう。

これは、デスク周りに限ったことではありません。パソコンの中も同じです。

とある企業での研修で、タスクの分類をするワークをしていた時です。その時に、「緊急ではないが、重要なこと」の第2領域（103ページ）のタスクとして、「共有データの整理」をあげた人がいました。その理由が、以前の似た案件のデータを探したいのに、整理されていないために検索だけで30分以上かかり、時間を無駄にしているということでした。自分のデスク、自分のパソコン内だけなら自分の責任ですが、共有データは他の人にも影響を及ぼします。

パソコン内の書類・写真・動画などのデータや、メールボックスは整理をしないとすぐにあふれます。たとえば「毎月15日に30分集中してデータ整理をする」などルールを決めて定期的に見直し、不要なものは捨てましょう。

ものがあふれるのとは違い、デジタルデータは増えても影響を感じにくいものです。ところが、探すのに時間がかかったり、スマホやパソコンの処理速度が落ちたり、ため込むととても危険なのがデジタルデータです。

自分の周りのモノはもちろん、スマホやパソコンのデジタルデータも定期的に捨てていきましょう。

「何となくやっている仕事」を捨てる

1日のログを見直しながら、「何となくやっている仕事」はないか、洗い出してみましょう。たとえば次のような業務です。

- **前任者がやっていたから何となくやっている、実はそれほど重要ではない業務**
- **さほど重要な議題もないのに、毎週開催されている定例会議**
- **惰性で書いている日報**

一つひとつの業務の意図や背景を探らず、ただ「言われたから」「やることが当然だから」という理由だけでやっていることがあれば、**一度立ち止まって「そもそも何のためにやっているのか」を考えてみて**ください。

もしも、必要がない、改善したほうがいいと思うことがあれば、捨てていきます。そして、捨てたことで生まれた時間で、より生産性の高い仕事（第２領域である「緊急ではないが、重要」な仕事）に取り組んでいきます。

個人の判断で捨てられることもあれば、上司の承認が必要な場合もあるでしょう。まずは、現状分析を行い、改めてその業務の目的や背景を理解します。非効率な業務や、時代遅れになっている部分があれば、上司や関係者と相談しながら、業務フローの変更を検討していきます。

業務フローの変更に際しては、「捨てる」の判断基準を設定すれば、判断に迷わなくなります。たとえば、「お客様の満足度に影響しない」「社員の成長に影響しない」「リスクマネジメントに影響しない」「業績に影響しない」があげられるでしょうか。

仕事だけではありません。日々の行動一つひとつに目的意識を持つと、迷いもなくなります。すると、行動にブレがなくなるので、時間を無駄にすることもありません。

「他人軸」を捨てる

「緊急度」と「重要度」を軸に、やることを4領域に分けるという話をしました（72ページ）。この話をすると、たまに「緊急度の基準はわかるけど、重要度は何を基準に判断したらいいいですか？」と質問を受けます。

それに対して**「未来の『ありたい自分』にとって重要かどうかで判断してください」**と、私は回答をしています。

私たちはつい知らず知らずのうちに、世間体や他人からの目を気にして、いわゆる「一般的」「普通」から大きくくずれない選択をしたり、他人にもその枠を押しつけたりしてしまいます。結婚や出産、マイホーム購入など、一般的な基準をもとにライフプランを考えることも、それにあたるでしょう。

もちろん、ライフプランを考えること自体が悪いことではありません。ある程度の基準となる計画を立てることで、将来的に準備することを把握し、将来の不安を軽減できるからです。

ただし、そのライフプランを柔軟に活用できればいいのですが、「○歳までにマイホームを購入しなければ」「老後のために2千万円を貯めなければいけないから、海外旅行には行かない」など、その基準にがんじがらめになっていませんか？

人と違う道を歩むという決断は、ものすごく不安だし、怖くもあるし、大変かもしれません。

しかし、周りの目を気にしながら、人がつくった道を歩き続けるのも、結果的には疲れます。それは、人に合わせて生きることになるからです。

どちらにしても大変なら、自分が納得する道を選ぶのがよいのではないでしょうか。どちらを選ぶにしても、自分で選んで、決める。他人軸ではなく、自分軸で生きるということです。

「時間泥棒」を捨てる

「時間泥棒」が広く認識されるようになったのは、ミヒャエル・エンデの児童文学『モモ』（岩波書店）です。この物語では、時間泥棒と呼ばれる男たちが人々の時間を奪い、効率化や生産性のために、無理に急かす存在として描かれています。

この作品を通して、時間を奪うことが人生や幸せにどれほど悪影響を与えるか、考えさせられた人も多いでしょう。

また、ビジネスでも、非効率的な会話や無駄な会議、遅刻や守られない締め切りなど、**人生や生産性に大きく影響を与え、人の貴重な「時間」を奪う行為は、泥棒行為**だといえるのです。

「時間泥棒」の多くは、効率や生産性の観点から言われますが、**その人にとっての「心**

地よい時間」を奪うことも「時間泥棒」だと私は考えます。

たとえば、上司からのパワハラ、SNSでの攻撃や、映画館で鑑賞中にスマホの音が鳴るなど、精神的な安らぎを妨害されたり、期待していた時間を台無しにされたりすることも「時間泥棒」です。

――自分も相手も「時間泥棒」にしない！

こうした「時間泥棒」を、自分が相手に対してしないのは大前提です。ただし、他にも2点注意すべきことがあります。

一つは、自分が自分に対して「時間泥棒」にならないということ。

もう一つは、「時間泥棒」をしてくる相手を回避する術を身につけるべきということです。

自分が自分の「時間泥棒」にならないとは、自己犠牲でがんばることはやめるということです。『GIVE&TAKE「与える人」こそ成功する時代』（三笠書房）では、ギバー（与える人）の中でも、成功するギバーと失敗するギバーがいると書かれています。「成功するギバーは、『自己犠牲』ではなく、『他者志向性』を持っている」とも指摘しています。

「ギブすることが大事」とよく聞きますが、それを「自分のことはさておき、とことんギブをしよう」と解釈する人がいます。この「自分のことはさておき」という思考は、自己犠牲につながりうるため少し注意が必要です。

見返りを求めずにとことん相手を助けることは、イコール自己犠牲ではありません。自己犠牲をしなくても、相手の役に立つことはできます。**相手を勝たせるために自分は負けるのではなく、相手も自分も勝たせる**のです。

会社のために、チームのために、顧客のためにと、力を尽くすことは重要ですが、自分のキャパシティ以上のことを引き受け、毎日残業し、家族との時間も睡眠時間も削っていては、自分の幸せは二の次になります。

自分の幸せがあってこそ、相手のために動くことができます。

自分は自己犠牲をしているつもりはないという人も多いです。行動的な人や目標達成意欲の高い人は、自分に対して「もっとがんばれる」と、知らぬうちに追い込んでいることが多いからです。

もちろんそれもある意味正解です。ですが、自分が疲れていては、自己犠牲のもとで現状が成り立っているといえます。だからこそ、ここでも**自分の「心地よさ」に軸を置いて、自分を心地よくできる「ギブ」をしてほしい**のです。

また、「時間泥棒」をしてくる他者を回避する術を身につけていくことは、自分の時間を心地よく守ることです。生産性や効率の点で時間を奪ってくる人も、心地よさを脅かしてくる人も、やる気を奪ってくる人も、距離を置きましょう。

強い気持ちで関係を断つことも時に必要ですし、自分が身を置く環境を変えることで距離を置く方法もあります。

時間は貴重な財産です。自分の時間は自分で守りましょう。

そして同じく、相手の時間もその人の貴重な財産です。相手の時間も自分の時間も泥棒しないよう、大切に扱いましょう。

第 4 章

デトックス②
任せる

「家電」に任せる

「効率化・時短の前に、自分自身が時間をどのように使いたいかを考えること」の必要性をお伝えしました。しかし、限られた時間の中で成果を出していくには、時短・効率化も有効です。

特に家事は、人の手で時間と労力をかけるより、ていねいで、時短省エネ効果のある働きをしてくれる家電を導入すれば、時間も労力も大幅にカットできます。

ドラム式洗濯機の日給は110円

家電こそ「タイパ」を考えてほしいのです。効率化・時短のために家電を導入したいと思いながら、「高い」と躊躇《ちゅうちょ》する人も少なくありません。確かに、時短・効率化できるとはいえ、家電の価格は10万円を超えるものも多く、すぐに購入には踏み切れないかもしれません。

しかし、購入するその一瞬ではなく、この家電を使う期間でその価値を考えてほしいのです。

たとえば、20万円のドラム式洗濯乾燥機を購入したとします。それを、短く見積もって5年使うとします。そうすると、1年で4万円、1日単位で見ると、約１１０円です。もちろん、水道代や電気代もかかりますが、それは一般的な洗濯機もかかるので、ここはあくまで本体価格だけで考えます。

この約１１０円で、洗濯物を干す時間や取り込む時間の20分〜30分を節約できます。

「たった30分」と思うか、「30分も」と思うかで、時間の価値をどう考えているかがわかります。生み出した30分でできることは山ほどあります。

また、週で換算すると、約２１０分（約3時間30分）、月で換算すると約９００分（約15時間）、年で換算すると、約１万９５０分（約１８２・5時間、約1週間）も節約できます。

そう考えると、「タイパ」だけでなく「コスパ」も高いことがわかります。食器洗い乾燥機やロボット掃除機、電気圧力鍋なども同様です。**価格だけ見て判断するのではなく、そこから生み出せる時間も踏まえて検討してみる**といいでしょう。

「何でも任せればいい」でもない

ただし、家事時間が自分にとっての心地よい時間なら、家電に任せることがすべてではありません。

たとえば、料理をする時間は、料理に没頭するリラックス時間だという人もいます。そういう人が、効率化・時短だといって、何でも家電に任せたら、逆にストレスが溜まってしまうかもしれません。

要は、**自分にとってその家事の時間が心地よいかで判断をすればいい**のです。もちろん、家事すべてを一くくりで考える必要もありません。家事ごとに手放す方法を考えればよいのです。

自分にとって、効率化・時短をしたい家事については、家電に任せてみることを検討してもいいですね。

「得意な人」に任せる

仕事においても、家庭においても、人に「任せる」時に、自分が楽になることだけを考えると、結果的にうまくいきません。**任せる人、任せられる人、どちらにとってもプラスになるような任せ方が重要**になります。

任せる人（あなた）にとってのプラスとは、時間の創出、負担削減、新たな仕事やチャレンジに着手できることなどです。

任せられる人にとってのプラスとは、収入のアップや経験値の向上、能力開発や主体性が育まれることなど、成長できることです。

そして任せる人、任せられる人を含めた組織・家族というチームでは、組織力や生産性が上がり、脱「属人化」も進み、コミュニケーションが活性化します。

任せる際に大事な視点が、**「任せる人」「任せられる人」「チーム」三者にとって三方よしになれるかどうか**です。仕事においては、この三者に加え、「顧客」も含んだ四者にとって四方よしになるかどうか。この成果がもたらされるかどうかの視点で、任せることを検討していきます。

「任せ上手」は相手想い

任せることとは、「任せる人」がその必要性を感じた時に発生します。たとえば、やることが山積みで、猫の手も借りたいくらい時間がない時、苦手なことを手放して心理的な負担を減らし、得意なことで生産性を上げたい時、自分がやるべきことや新しいチャレンジに集中するため、今まで担当していたことを引き継ぎたい時などがあげられます。

このように、「任せる」の起点は利己的であることがほとんどです。そして、多くの人がこのことに罪悪感を覚えるために、「任せる」がうまく進まないのです。

しかし、ここに罪悪感を覚える必要はありません。**任せることが上手な人は、起点**

は利己的であっても、相手にとってのメリットも同時に考えています。つまり、利他的な任せ方ができないかと、意図的に転換しているのです。

任せることがうまい人は、自分の時間を生み出したいために、誰でもいいから任せるのではなく、任せる「相手」や「タイミング」を見計らっています。メンバーや家族が興味を持つこと、得意なこと、意欲を持っていることを、日頃から観察していないと、任せる相手やタイミングは判断できません。

複合的な視点で観察し、「この人だ」「今のタイミングだ」と見極め、任せたら、あとは信じて見守ります。自分の判断で「任せる」を決めているからこそ、中途半端な任せ方はしません。口を挟んだり、聞かれる前にあれこれアドバイスをしたりしないのです。山本渉氏の『任せるコツ』（すばる舎）にも、「『中途半端な丸投げ』はやる気を削ぐ、一番やってはいけないこと」と書かれています。

ただし、取り返しのつかないミスにつながらないよう、陰でしっかり見守っています。だから「任せられる人」も安心して取り組むことができるのです。

任せっぱなしは無責任

ここに正しい任せ方のポイントがもう一つあります。それは、**任せた後すぐに、自分にタスクを詰め込まないこと**です。任せた後は、見守る時間が必要になるからです。「任せて時間ができた！」と解放された気分になり、新たな仕事や溜まっていたタスクをスケジュールに詰め込んだせいで、任せたことをフォローできなかったら、それは無責任な任せ方です。

任せる前は、観察やヒアリングをする時間の余裕が必要となり、任せた後も、見守る時間の余裕が必要となります。任せる時は、いきなり実現するわけではないことを前提として、取り組んでいきましょう。

「同僚・部下・上司」に任せる

仕事において、任せることは、リーダー層の重要な役割・業務です。「任せる」がうまくいかないと、いつまで経っても属人化から抜け出せず、組織力が向上しません。それゆえ、生産性も上げることができず、組織にとっては現状維持どころか、衰退の一途となるでしょう。

「任せ上手」の上司がしていること

では、どのように同僚や部下に任せていけばいいのでしょうか？

リーダーに必要なのは「虫の目」と「鳥の目」です。「部内・チーム内」と「組織全体」、「今（短期的視点）」と「未来（長期的視点）」、「一人ひとりの能力」と「チームとしての能力」など、虫の目と鳥の目を行ったり来たりしながら、複合的に任せることを判断していきます。

まずは、**部署・チーム一人ひとりの「やりたいこと」と「強み」を明確にしていきます。**具体的な「やりたいこと」を本人が自覚していなくても、興味・関心のあることや、これまでやる気を出していた業務など、本人にヒアリングしながら、上司から見た「やりたいこと」を書き並べていきます。

同じように、**一人ひとりの強みも書き出していきます。**「本人が自覚している得意なこと」よりは、「本人は気づいていなくても、知らぬ間にさらっとできていること」や「他のメンバーがその人に対して感謝していること」などを集めていくといいでしょう。

ただし、**任せる相手を検討する際、相手の「やりたいこと」と「強み」、どちらか一方だけで判断するのは選択肢として危険**です。その人の適性ではないことを任せてしまう可能性もあります。組織での任せ方は、組織力・生産性向上につながるかどうかの判断が必要です。

また、相手の「得意（強みがある）」なことを任せれば、組織力や生産性向上に直結する可能性は高いです。しかし、長期的視点で見ると、任せる相手に意欲がない（「やりたいこと」ではない状態）と、心をすり減らせてしまいます。任せる相手自身が「自分ががんばればいい」とがんばるようでは、心身を壊してしまったり、組織を抜けたりすることも起こり得ます。そうなると、結果的に組織力が落ちかねません。「得意だから」という理由だけで、その人に頼るのは注意が必要です。

そして、組織全体を見ながら部署を超えて、他部署に任せることはできないか、または、共同で取り組んでいけないか、「鳥の目」で働きかけることもリーダーの役割です。他部署で引き取ってもらったほうが効率のいい業務も、中にはあります。

ここでも三方よしの視点です。部署内の負担が減り、他部署にとっての成長機会につながり、組織全体の生産性向上につながるかどうか。逆に、他部署よりも自分の部署が引き取ったほうが効率の上がる業務があれば引き取りましょう。

上司は部下の育成、チームや部署の組織力向上、生産性向上の責任者です。プレイヤーのままでは、いくら時間があっても足りません。

同僚や部下に任せることで、上司は時間を創出できます。そして、本来やるべき業務に時間を使うことができます。その結果、個人やチームの生産性が最大化し、持続可能なワークライフバランスまでもが実現可能になってくるのです。

「任せる」は上司ではなくても活用できるスキル

また、「任せる」は上司やリーダー層だけが身につけるべきスキルではありません。他の社員に仕事をお願いする場面や、部下が上司に相談する場面でも活用できます。

たとえば、非効率的な業務について上司に相談するとします。この時に大事なことは、**不満ベースで話をしない**ことです。不満や不便さだけを訴えても「そうなんだ」と共感されて終わります。しまいには「何とかがんばってよ」と言われかねません。

組織の中で何かを変えようとする場合、上司の承認が必要な組織も多いです。この場合、「上司に相談する」と考えるのではなく「解決を上司に任せる」ととらえましょう。つまり、**上司に動いてもらうためにはどうすればいいかを提案します**。不満ベースではなく、提案ベースで話をするのです。

現状の悩み、現状が続くデメリット、解決するメリット、そして解決するためのステップを提案する。さらに、上司が動くことで得られる上司のメリットもプラスすると、上司は解決のために動いてくれる可能性が高まります。

上司であれ、部下であれ、どの立場であっても、任せることによって、それぞれの時間の価値は上がり、その結果、生産性も上がります。反対に、生産性を上げるためにも、正しい任せ方をして時間を生み出していきましょう。

「家族・子ども」に任せる

家庭には、家庭ごとのルールがあります。夜ご飯を食べる時間、食事はお風呂より先か後か、買い出しや洗濯の頻度など、ルールはそれぞれです。

そのルールは、家族の時間の使い方によって異なりますし、家のことをメインで取り仕切る人がルールづくりのキーマンとなっていることが多いでしょう。

ここがポイントです。ルールづくりのキーマンは、自分が動きやすいように、効率的に動けるように、家庭のルールをつくっていきます。しかし、これが知らぬうちに家のことを抱え込むきっかけになっているのです。

たとえば、家事を効率よく進めるコツは、家電に任せる以外にも、同じ場所でできることをまとめ、流れ作業の仕組み化をすることも一つです。さらに、家族を巻き込んで仕組み化すると、より効率的に進みます。

我が家では、私が「自分がやったほうが早いから」と家族には頼らず、自分でやってしまうことが多くありました。普段はそれで何も思わなくても、忙しさが重なると「何で私だけが」と恨みつらみをぶちまけたくなったものです。

ところが、ある日気づきました。食卓に家族全員のお箸を準備する、食器や料理を並べる、食べ終わったら食器を片づけるなど、**子どもの年齢に合わせて、夫はうまく子どもたちに任せていた**ことに。

子どもたちに任せようと思っても、はじめは期待通りに進まず、余計に時間がかかることもあるでしょう。そんな光景を見ながら「些細《ささい》なことを任せても、時短にはならないよ。むしろ余計に時間がかかるじゃない」とひそかに私は思っていました。それでも夫は、子どもに任せ続けました。

すると、私の考えとはうらはらに、数週間後には、子どもが我が家の戦力になっていたのです。子どもたちも嫌がるかと思いきや、できることが増えて喜んでいるし、できることを率先して自分でやることが当たり前となりました。

誰かに任せる時、私たちは自分が楽になるために、大きなタスクをいきなり任せようとしがちです。小さなタスクを手放したところで意味がないと思っているからです。「任せる」がうまくいかない原因はここにあります。

任せられる側も、いきなり実力以上のことを任せられても、できなくて当たり前です。それなのに、任せる側が「自分がやったほうが早い」「クオリティを保てない」と考えるのは、任せる側のとても一方的な考えです。

任せる側も、比重の大きいタスクから任せようとするから、任せることを躊躇して、結果的に抱え込んだり、任せた後で手を出すことになったりします。

家族、特に子どもに任せる場合は、段階を踏む。その過程で、**できないこともサポートをしながら、徐々に一人でできるように任せていく**。補助輪なしの自転車に切り替える時のように、最初はサポートしながら、徐々に手を放していくイメージです。

そして、**最終的には家族全員で家事の仕組み化をしていきましょう**。ホワイトボードなどで、家事タスクを管理することもおすすめです。「家事の担当を決める」もあり、「曜日ごとや1週間ごとに担当制にする」もありです。皆さんのご家庭に合った仕組みづくりをしていきましょう。

「外部サービス」に任せる

家族ルールをつくるだけでは解決しない、「もっと家族の時間を生み出したい」「たまには家事を休みたい」といった時は、「外部サービス」を検討してもいいですね。

まず導入しやすいのは、**食材の宅配**です。1週間分の食材を注文したり、調理済みの食事を定期便で契約したりすることで、いざという時に安心できます。

デリバリーで食事を調達することも、外部サービスに任せる方法の一つです。時間がなくて慌ただしい時は、フードデリバリーサービスを活用するのもよいでしょう。

家事代行サービスもおすすめです。食材の買い出しから調理、掃除など、サポートしてほしい家事をお願いできます。苦手な家事や手間だと感じることを依頼すれば、余計なストレスから解放されて心にゆとりが生まれます。

隔週に一度などで定期依頼すれば、たまにやる家事を忘れずに行えます。水回りの細かなところや、窓ふき、ほこり取りなどの定期依頼で、家をきれいに保てますね。

このように、外部サービスはとても充実しています。あとはどう活用するかです。食事の準備の例なら、外部サービスまではいかなくても、カット野菜の活用も一つの手段です。メリット、デメリットの両方を考えたうえで活用したいですね。

カット野菜の場合、メリットは、手軽に料理時間が短縮できることです。丸ごと買った野菜を腐らせて無駄にしてしまうことを減らせます。

一方デメリットは、割高なこと、日持ちがしないこと、水分が蒸発して（丸ごとの野菜よりは）味が落ちてしまうことなどがあります。

「丸ごとの野菜を買って、おいしく新鮮なものを食べたい」もあり、「カット野菜を購入して食べきる」もありです。時間の余裕がないのに、イライラしながら「野菜は絶対に自分でカットしなければ」と思い込まないでほしいのです。**0か100かで白黒つけるのではなく、その時々で、必要な選択を目指しましょう。**

「デジタル」に任せる

デジタルに任せる最大のメリットは、効率化と生産性向上です。効率化で生み出せた時間を、有効的に活用できれば、さらに生産性を上げることができます。

デジタル化というと、個人ではなく、企業の取り組みのように感じるかもしれません。しかし、実は個人でも取り入れていることも多いのです。ネットショッピングやキャッシュレス決済、ＡＩ家電の導入や、授業や会議のオンライン化など、心当たりはありませんか？　これらも立派なデジタルです。

本書はやりたいことがたくさんあって時間が足りない方が、自分の心地よさを基準にやることを精査し、無駄を手放して、本当にやりたいことを実現していく方法についてお伝えしています。

そのため、ここで伝えたいことも、単にオンライン化の話ではなく、本当にやりたいことを実現していく方法です。

私がおすすめしたいのが、**ChatGPTのような対話型AIを活用して、言葉にできない想いを言語化する方法**です。

自分の想いを言語化するのは難しい

これまで、私はのべ4000名以上の方にタイムコーディネートを指南してきました。そこで感じたことは、自分にとっての心地よさや、今抱えている悩みや願望を言葉にし切れていない人がとても多いことです。明確な言葉ではなくても、**「自分の心地よさ」や「やりたいこと」「やりたくないこと」を言葉にすることで、何を目指して時間の使い方を改善していけばよいかが具体的に見えてきます。**

しかし、最初から明確に言語化できる人はいません。言語化は訓練です。ただ一人で悶々と考えていても、時間は刻々と過ぎてしまいます。そんな時に、ChatGPTに言葉の壁打ちをしてもらうのです。

ポイントは、正解をもらおうとしないこと。実際にChatGPTに正確さは担保されていません。あくまで、**自分が言葉に出し切れていないことを、ChatGPTにヒントを出してもらう**のです。ヒントをもらったら、そこからまた自分と対話を重ねて言葉にし、またChatGPTからヒントをもらう。これを繰り返します。

自分の言葉がつたなければ、ChatGPTからの回答も上手に引き出せません。ChatGPTの活用で、自分の言語化スキルを鍛えることもできます。

ここで注意すべき点は、ChatGPTを上手に使いこなすことが目的ではないことです。うまく言葉を引き出せないために、ChatGPTの使い方という「スキル」を身につけようとする人がいますが、今はその必要はありません。あくまで、言葉のキャッチボール相手をChatGPTに任せるのです。

はっきり言って、私はChatGPTを上手に使いこなせているとは言えません。しかし、言葉に行き詰まった時や、考えがまとまらない時、リサーチをする時などに、ChatGPTに声をかけています。

そこで出た回答には、それまでの私が知らなかったことや、思いつきもしなかった発想も含まれているものです。**自分には持ち合わせていなかった視点をもらうことで、さらに自分が目指したい方向を細かく掘り下げていけます。**そうすると、具体的にどんな行動をすればいいかがわかるのです。

どんな行動をすればいいかわかれば、あとはやるだけ。行動することで、自分のありたい未来に近づいていくのです。

デジタルに疎い人でも簡単に試すことができます。ChatGPTへの相談は、つたない言葉でも大丈夫です。想像以上に、ChatGPTは寄り添ってくれるものですよ。友人や先輩に相談するように、対話を楽しんでみてください。

「ノートや手帳」に任せる

言葉にはできていない気持ちを言葉にして「無意識」が「意識」に変わったら、アナログでの手書きをおすすめします。

手書きで書くことによって、脳の複数の領域が活性化されるという研究結果が複数あります。メンタリストDaiGo氏の『倒れない計画術』(河出書房新社)でも「記憶や動機づけには、デジタルデバイスよりも紙が向いている」と書かれています。

では早速、ChatGPTで言葉のラリーをしながら、ノートでさらに整理をしていきましょう。自分の考えや感じたことを思いつくままに書き出していきます。他にも、次のことも書き出すことで、行動につなげやすくなります。

○**やりたいことを思いつくまま書き出す。**

○優先順位を決め、まずは一つに絞る。
○具体的なタスクを書き出す（自分が行動している姿をイメージしながら）。
○現実と理想の1週間を書き出す。

PDCAサイクルを回す

ＰＤＣＡサイクルとはPlan（計画）、Do（実行）、Check（評価）、Action（改善）の頭文字を取った言葉で、業務改善や目標達成の進捗管理などの継続を目的とするフレームワークです。１９５０年代にアメリカの統計学者であるＷ・エドワーズ・デミング博士によって提唱されました。

現実と理想の1週間のスケジュールを書き出したら（Plan）、スケジュールをもとに行動し（Do）、理想の時間の使い方に近づいて確かめ（Check）、次の1週間での改善方法を探る（Action）というように、ＰＤＣＡサイクルを回します。それこそ、今までやってきたことを「捨てる・任せる・ゆるめる」で手放すことができないか検討していく必要もあります。

それと同時に、やりたいことを実現するための行動もしていきましょう。やりたいことの言語化ができても、まだ実現はしていません。当たり前ですが、行動しなければ実現はしません。綿密に言えば、行動を継続しなければ実現しません。

そのため、**実現可能で持続可能な行動計画を立てる**必要があります。

また、行動を継続するには、自分を追い込むがんばり方では続きません。だからこそ自分にとっての心地よい時間の使い方を知ることが重要なのです。それは、やりたいことが「心から」やりたいと思えるかにもかかってきます。最初からその確信は持てなくても、**やってみて、結果がどうだったかではなく、どう感じたかを振り返ることで、「心から」やりたいことに近づいていきます。**

ノートではアイディア出しや、自分の感情との向き合い、やりたいことの書き出しなど、とにかく思うがままに書き出しましょう。

そして、手帳で実現可能な計画を立てたり、未来と今を行き来しながら進捗状況を確認したり、自分の心地よい時間を大切にできているか振り返ったりするのです。

「言葉」に任せる

「言霊」という言葉があるように、言葉には大きな力があるといわれています。「言霊」とは、「言葉に宿っている不思議な霊威《れいい》」のことです。発した言葉どおりの結果を現す力があるといわれていました（『広辞苑　第六版』岩波書店より）。

言霊を信じるも信じないも自由ですが、**やってみたいことやチャレンジしたいことを口に出すことは、一定の効果がある**と私は思っています。

できるかどうかは関係なく、やってみたいと思うことを、私は周りに話すようにしています。普段仕事を共にしているチームのメンバーや、信頼できる友人、先輩方に、やってみたいと思っていることを話します。

私のビジョンは「子どもたちに生きる楽しさを伝えること」で、あらゆる場面や場所で伝えています。チームメンバー、友人、先輩はもちろん、取材で聞かれるたびに話していました。

すると、ついに「親子で取り組むキッズタイムコーディネート」というプロジェクトをスタートできたのです。さらに、中高生対象のメディア取材を受けたり、小学生向けの本の監修の依頼をいただけたりと、ありがたいことに、子どもたちに生きる楽しさを伝える機会が訪れるようになりました。

公の場で、自分の意見や意志を発表すると、その宣言通りに行動する傾向が強くなります。この効果を「**パブリックコミットメント**」といいます。

行動する傾向が強くなるのは、一貫性のある人間でいたい気持ちが働くからです。有言実行ならぬ、有言不実行にはなりたくないと思っているわけです。

これをうまく利用して、**自分にとっての「信用を失いたくない人」に宣言して、後回しにせずに行動する状況に自分を置いていきます。**

多くの人がかかわって仕事をしている会社では、皆が期日に向けて動いているのに、自分だけ間に合わないなんてことはできません。周りの目が強制力になっています。

ところが、自分のやりたいことは、自分との約束を自分が守るかどうかで、実現するかどうかが決まります。自分で期限を決めて、自分で期限を守って、自分で動いていくか次第です。強制力がない分、あえて強制力をつくることが大事です。それが、信頼を失いたくない人への宣言です。


ちなみに、宣言する言葉が具体的で明確であればあるほど、何を行動すればいいかも具体的になるので、実行確率はさらに高まります。

「言葉」に任せて、やりたいことを実現していきましょう。

「未来の自分」に任せる

やりたいことがたくさんあったとしても、時間は有限。今やれることは限られます。コップの水があふれる前に、違うコップに移すのです。コップの水があふれてしまったら、その水はどんどん流されて行ってしまいます。この状態は、仕方なく先送りにしてしまった、後回しになってしまった「やりたいこと」と同じといえます。やりたいことが流されてしまう前に、手綱を握ることが重要です。

先述（87ページ）の通り、ボールを前に投げるようにポジティブな気持ちで未来の自分に任せます。

先送りにすることをネガティブにとらえてしまうと、先送りしないようにあらゆることに手を出して、中途半端な結果に終わる恐れもあります。あるいは、どうにもならず先送りにしてしまった時に「やっぱりできなかった」と自分を責めかねません。

先送りになる前に、自分で未来の自分に任せる。この習慣をつけていきましょう。

ただ、この習慣を身につけていくためには、自分の時間や、タスク量、各タスクの見積もり時間が見えていないと、前もって未来に投げるのは至難の業《わざ》です。要は、使える時間に対して、適切なタスク量かを把握できないと、今やるか未来でやるかの判断がつきません。判断がつかないからこそ、膨大な量のタスクを抱え込み、抱えきれずに自分自身が倒れてしまうのです。

そのため、**まずはやりたいことを思いつくままに書き出し、その中から一つに絞りましょう。**最初から複数のことに取り組もうとすると、身動きが取れなくなります。よって、初めの時点で一つに絞ってしまうのです。取り組んでみて余裕があれば、もう一つ、さらにもう一つと加えていけば実現可能性も高まります。

「時間がない」という人は、やりたいことがたくさんあったとしても、まずは一つから着手しましょう。そして、それ以外のやりたいことは未来の自分に任せるのです。

第 5 章

デトックス③
ゆるめる

「こうすべき」をゆるめる

私たちは、仕事や家庭、対人関係など、あらゆる場面で無意識的に「こうすべき」と思い込んでいます。その結果、自分を苦しめていることも少なくありません。

○「残業をして長時間働くことが成功の秘訣」だと信じ、休憩やリフレッシュ時間を削る（結果、パフォーマンスが低下）。
○「健康のために、食事は手料理であるべき」と思い込み、どんなに忙しくてもストイックに栄養バランスを考えて料理をする（結果、睡眠時間が削られて体調を崩す）。
○「子どもが小さい間は、常に一緒にいるべき」と思い、自分の時間を削る（結果、ストレスや疲労が蓄積）。
○「自分さえガマンすれば、この場は円満に収まる」と思い、意見を言

わずに耐え続ける（結果、不満が爆発）。

思い込みとは、疑うことすらせずに深く信じたり、根拠のない先入観で無意識的に信じ込んだりすることです。思い込みの程度は人それぞれですが、思い込みによって、視野が狭くなり、自分を苦しめる結果につながることもよくあります。

しかし、思い込みをプラスに活かすと大きな強みともなります。そのため「こうすべき」という思い込みを柔軟にゆるめて、やりたいことや夢を叶えていきましょう。

「こうすべき」という思考は、本書でたびたび出てくる０か１００かの考え方と密接な関係があり、どちらも柔軟性を欠きます。０か１００かの両極端な思考で、中間がありません。その極端な基準に従わなければいけないと思うのが「こうすべき」です。また、「こうすべき」の基準に達しなかった時に、「できなかった」「失敗」とみなします。これが自己評価を下げたり、完璧主義をより強めたりします。

これを自分だけでなく、他人にも当てはめようとします。「こうすべき」と他人の行動や結果にも極端な評価を下すのです。これでは人間関係が悪くなりかねません。

ゆるめる方法

では、「こうすべき」をゆるめるにはどうしたらよいのでしょうか。

まずは**さまざまな価値観に触れることが重要**です。特に若い頃は意識的に色々な立場の人と交流するとよいでしょう。なぜなら、自分の価値観と近しい人とばかりの交流になると、交流範囲が狭まり、視野も狭まりかねないからです。

さまざまな価値観に触れる具体的方法としては、次のようなものが考えられます。

- ○ オンラインコミュニティに参加してみる
- ○ 異業種交流イベントに参加してみる
- ○ 読書をする。特に、普段読まないジャンルの本を読む
- ○ 専門家や著名人が語る音声配信を聴く
- ○ 海外映画やドラマを観る
- ○ 一人旅をする

○普段行ったことがない場所に行ってみる

もちろん、タイムコーディネートは自分の心地よさを軸に、何をするのか、誰と過ごすのかを決めていくことでもあるので、居心地のよい、自分の価値観と近しい人と交流することはいたって普通のことです。

しかし、さまざまな価値観を知ったうえで近しい価値観の人と交流するのと、自分の価値観が正しいと思い込み、排他的な考えから自分と近しい価値観の人とのみ交流するのとは違います。後者だと、視野が狭まり、偏った考え方になりかねません。

自分の考えと異なる考え方の人に出会ったとします。自分と他者の二者択一だと、自分以外の考え方を否定、攻撃しかねません。ところが、**第三の考え、第四の考えを知ると、自分の考えがすべてではないと身をもって実感できます。**

すると、どのように対応するのが最適解なのかと常に考えるようになります。これを何度か経験するうちに、多様な視点で物事を考える思考回路が自然とできていくでしょう。まさに柔軟性が備わっていくのです。

私にもこの柔軟性が備わったのは、韓国に長年住み、世界各国の人と仕事をしながら、日本を外から客観的に見ることができたからです。それぞれの国のよさも、違いも知ることができたのは大きな経験でした。

特に、海外では想定外のことが頻発します。想定外は、自分の当たり前があるからこそ生じるわけです。その想定外に対応しようと柔軟性が生まれ、「こんなことも起こるかもしれない」と、事前に準備ができるようになっていきます。

想定外なことに直面すればするほど、柔軟性は備わりますが、海外に住み、国を超えて人と交流するだけが「こうすべき」をゆるめる解決策ではありません。

さまざまな人と交流することはもちろん、本をたくさん読むことでも多様な価値観に触れられます。まずは自分の考えが当たり前とは限らないと自覚していきましょう。

頭が凝り固まると可能性も狭めます。さまざまな選択肢の中から選べるようになると、やりたいことが実現する可能性も広がっていきます。「こうすべき」をゆるめて、バランスの取れた視点を持てると、ストレスや不安も軽減できます。

「手帳は使いこなすべき」をゆるめる

弊社では手帳を製作しているため、手帳に関するお悩みを聞く機会が多くあります。その中で一番多いのは「手帳が1年続いたことがない」というお悩みです。

このお悩みの裏には「手帳は続けなければいけない」「手帳は使いこなさなければいけない」という思い込みがあります。

手帳を使いこなすことは目的ではない

改めて考えてほしいのが「何のために手帳を使っているのか」という目的です。

結論からお伝えすると、手帳を使う目的は「手帳を使いこなすこと」ではありません。**手帳を使ったその先の未来を想像してほしい**のです。

手帳を使う目的は、大きく分けて3つあります。

①**自己管理**：タスクやスケジュール管理（日常生活を効率的に過ごすため）
②**自己探求**：自分の感情や思考を記録（自己理解と成長促進のため）
③**目標計画**：目標に向けた計画と進捗の記録（目標を達成するため）

①、②、③、いずれの目的もとても大事です。自分が今必要だと思う目的と用途によって、自分に合う手帳を選ぶとよいでしょう。

ただし、**手帳を使って得られる目的や成果は、最終ゴールではなく、途中経過であることは決して忘れないでください。**タスクをこなすこと、自分自身を理解すること、目標を計画・達成することが最終ゴールではないのです。

①自己管理をし、②自己探求し、③計画を立てて目標を達成できたとします。それは結局何のためにしているのでしょうか。

「自分らしく生きたい」「本当にやりたいことを見つけて没頭したい」「人生を楽しみたい」といった、生き方や人生の過ごし方につながっていませんか？

その最終ゴールを考えると、手帳を使いこなせるかどうかは、大きな問題ではありません。**手帳を使いこなせなかったとしても、自己管理・自己探求・目標計画を立てた行動が、着実に進んでいればよい**のです。後悔のない時間の使い方をして、人生を満喫することに意識を向けましょう。

反対に、手帳の空欄が目立つページを振り返ると、手帳に書き込む時間もないくらい忙しい時期だったことがわかります。そこから、「なぜ忙しかったのか」「なぜ予定ややることを詰め込みすぎてしまったのか」など、客観的な振り返りをしていけばよいのです。手帳に書き込めなかったからと、失敗の烙印《らくいん》を押す必要はありません。

手帳は「今の自分」に必要なページを使えばいい

手帳考案者の立場からいうと、手帳は、必要だと思う要素を入れて構成を考えています。だからこそ、不必要なページはありません。

しかし、使う人やタイミングによって、全ページ、全項目が必要とは限りません。**自分の状況から、「今必要なページ」と「今は書き込まないページ」を決めて、手帳を使うことも重要**です。手帳と向き合う時間よりも、行動に時間を使うことが必要な時もあるからです。

「手帳を使いこなさなければ」と頭をよぎった時は、時間を見える化して、「やりたいことを実現していくために、手帳を使っている」という本来の目的を思い返してください。自分が必要とする時に、必要なページ、必要な項目を活用していきましょう。

余談ですが、弊社のタイムコーディネート手帳を使ったお客様から「初めて手帳が1年続いた」というお声をよくいただきます。これは、「手帳をすべて書き込み、完璧に使った」という意味ではなく、**「1年を通して時間と向き合い続けることができた」**という意味です。手帳を使う本来の目的を忘れずに、自分にとっての心地よさを中心に置き、自分の人生をどう生きたいか、時間をどう使いたいかを追求しているということであり、時間のコーディネートが着実に進んでいるということです。

「朝活のための早起き」をゆるめる

タイムマネジメントに興味・関心がある方は、「朝活の効果」について、耳がタコになるくらい聞いてきたのではないでしょうか。時間術に関する本のほとんどに、朝の時間を有効に使うポイントが書かれています。

ところが、「朝時間を有効に使うべき」という考えにとらわれすぎて、苦しんでいる人も私は数多く見てきました。

「朝時間」は本当に「ゴールデンタイム」？

まず、朝時間がなぜ効果的なのかについて、説明していきましょう。

１日の中で集中力が高まる時間帯は朝です。睡眠によって脳の疲れが取れているため、高い集中力を発揮できます。特に、目覚めてからの2～3時間は「脳のゴールデンタイム」と呼ばれています。

しかし、「脳のゴールデンタイム」を有効活用しようとすると、「子どもが起きてくるのは7時。その前に朝食の準備や身支度もしようと思うと、5時には起きなければいけない」「7時には家を出なければならないのに、その前に朝活をするのは、朝が早くなり過ぎてつらい」など、現実的な壁にぶつかります。朝時間の貴重さをわかっているからこその葛藤《かっとう》であり、どうにかしたい気持ちが湧き起こるのは当然です。

ここで、2点整理したいと思います。

一つが、**「朝の時間を有効的に使うこと＝早起き」ではない**ことです。「脳のゴールデンタイム」は、目覚めてから2～3時間です。これを、「早起きしなければいけない時間」と置き換えてしまう人がいるのですが、朝5時に起きようと、8時に起きようと、目覚めてからの2～3時間の使い方が重要なわけです。無理して早起きをしようとしなくて大丈夫です。

そしてもう一つが、**目覚めてからの2～3時間すべてを、仕事や夢や目標に向けて行動する時間に使うのは、無理な場合がある**ことです。もちろんそれができれば最高ですが、そのために睡眠時間を削ってしまって元気に過ごせないのでは、元も子もありません。

自宅で仕事ができるフリーランスや、リモート勤務の会社員なら、通勤時間がない分、朝の時間はわりと自由に使えるかもしれません。

しかし、出勤する場合、さらには出勤に時間がかかる場合は、状況が変わります。たとえば、7時に家を出るために、6時から身支度や簡単な家事を済ませる必要があり、その前にひと仕事するなら、3時〜4時に起きることになります。その分、早寝をして睡眠時間をしっかり取れればいいのですが、7時間睡眠と考えても20時〜21時に寝る必要があります。帰宅までにかかる時間も考えると、このリズムをキープするのはなかなか難しいと思います。

こうした時も、0か100かで考えるのではなく、朝のゴールデンタイムをどのように使うか、今の自分の最適解を考えていきましょう。

たとえば、5時に起床し、資格試験勉強を1時間して、6時から身支度と家事、7

時に家を出て、会社までの通勤時間でセミナー動画を視聴する。夜は、22時就寝。早起きが苦手であれば、6時に起床して身支度をし、6時半に家を出て、人がいないし電話も鳴らない、始業前の時間に勉強する。夜は家事をして、23時就寝。このようなスケジュールの組み方も考えられます。

「朝の時間」にこだわらない

他にも、朝の時間は家族のお弁当をつくる時間だったり、幼い子どものお世話があったりする方もいるでしょう。その前に、自分の時間を確保しようとすると、相当早く起きる必要がありますよね。

朝の時間を有効活用できればもちろんいいですが、そこにこだわりすぎると、ストレスになる場合もあります。「朝を活用しなければ」という気持ちを少しゆるめてみると、別の方法も思い浮かびます。

私も、出産後からは子どもと一緒に早く寝て、早く起きるという生活にシフトし、4時に起きて仕事をしていた時期もありました。しかし、子育ては体力勝負。**睡眠時**

間を削っていては、脳のゴールデンタイムとはいえ、眠くてパフォーマンス力を発揮できません。

睡眠時間は、まず確保です。そのうえで、たとえばお弁当のおかずは夜のうちにつくり、お弁当箱に詰めるのは、朝子どもたちに任せるなど、時間を生み出す工夫をしてみましょう。

脳のゴールデンタイムをフル活用しなければと無理する必要もありません。まずは、朝30分だけでも確保できないか、難しければ、他の時間で確保できないか試行錯誤してみてください。

「行動に移す前のハードル」をゆるめる

やりたいことが見つかったら、夢や目標が見つかったら、私たちは即行動できるかというと、そういうわけではありません。やりたいことを想像してワクワクする一方、いざ行動となると、なかなか取り組めないのが人間らしくもあります。

やりたいことを放置したら「モンスター」になる

まず、やりたいことや夢への行動を大きな山のようにとらえていると、なかなか一歩を踏み出せないどころか、無駄なエネルギーを消費してしまいます。

特に、「緊急ではないが重要なタスク（第2領域）」は、緊急性がないため、タスクの細分化や具体化をしない状態で置きっぱなしになりがちです。

すると、放置したタスクがモンスター化していくのです。初めは楽しみだったはずなのに、「あれやらなきゃ」になっていき、時間が経過すればするほど蓋をしたくなります。直視しないと、そのモンスターは頭の中を支配していきます。結果的に、集中力が削がれ、他のことをやっていても中途半端になってしまいます。

――すぐやるための「20秒ルール」

やりたいことをモンスターにしないために、やりたいことができたらすぐに、タスクの分解だけはしておきましょう。初めの一歩をスムーズに踏み出せます。

タスクの分解をしたら、**「20秒ルール」**で最初の一歩をさらに小さくします。

20秒ルールとは、ハーバード大学の心理学者であるショーン・エイカーが『幸福優位７つの法則』（徳間書店）で紹介している習慣化テクニックの一つです。

人には、取りかかるまでに手間がかかることを先延ばしにする傾向があるので、**「よい習慣を増やす時は、その行動にかかる手間を20秒だけ減らすといい」**というものです。

たとえば、ショーン・エイカー自身が行っていた20秒ルールが、朝起きてジムに行くことを習慣づけるために、トレーニングウエアを着て寝ることでした。前日のうちは「明日起きたらジムに行こう」と思っていても、いざ目が覚めたら「今日はやめておこう」となりかねません。トレーニングウエアを着て寝ることで、着替える手間を省き、悩む時間もカットし、家を出るまでの手間を20秒減らしたのです。

その他にも、読書をする場所に本を置いておく、勉強するためのノートを開きっぱなしにしておくなど、多くの場面で20秒ルールを活用できます。行動の一歩がなかなか出ない時は、是非試してみてください。

自分が何かをしようとする時、**行動している姿を頭の中に映像として描いてみると、どんなところでつまずきそうか、思い当たる場面が出てきます。**怠け者だと自覚できている人ほど、つまずきそうになる理由をつぶしています。

誘惑に勝つための「10分ルール」

テスト前になると、なぜか無性に部屋の掃除をしたくなることがありませんでしたか？　この行動は、心理学で**「セルフ・ハンディキャッピング」**といわれています。

たとえ失敗しても自尊心を守るために、あらかじめ自分にハンディキャップをつくっておくという心理です。ＳＮＳやゲームは勉強をしない言い訳になりませんが、掃除自体はいいことなので、勉強を先延ばしにする格好の言い訳になるのです。

行動のハードルを下げる

20秒ルール	★行動にかかる手間を20秒減らして、「すぐやる」習慣をつける 例）朝起きてジムに行くために、トレーニングウエアを着て寝る
10分ルール	★誘惑になることを10分やらない 例）勉強の誘惑になるSNSを、10分遠ざける

このように、何か行動しようとすると（しかも大きな目標に向けた行動であればあるほど）、「やらないとまずい！」とわかっているのに、なかなか取り組めずに他のことに目が行ってしまう時がありますよね。やりたいことや夢、目標はすぐに結果が出るものではないため、目の前の誘惑に目が行くのは当然ともいえます。

大きな目標をタスクに細分化しても、20秒ルールで手間を減らしたとしても、やるべきことの一歩を踏み出せない時は、**誘惑になる他のことを「10分はやらない」と決めてみて**ください。逃げの欲求に負けないために「10分はやらない」と決めるのです。

この10分ルールは『スタンフォードの自分を

変える教室』（大和書房）でアメリカの心理学者ケリー・マクゴニガルが提唱したものです。脳を落ち着かせて賢明な判断をするために、まずは10分待ち、その間に、誘惑に打ち勝った先の未来を思い描くというものです。

何か大きな目標ややりたいことがある時、行動を継続する必要がある時、達成した未来の自分を思い描きましょう。そして、掃除やSNSなど、目の前の誘惑に流されそうになった時は、それを「10分やらない」と決めて、実行してみてください。だんだん先送りをしなくなり、本来やることに取り組めるようになっていきます。

ここでのポイントは、**自分が行動できるような環境を整えておくのと同時に、誘惑に流されそうになった時にそれを止めるルールをつくっておくこと**です。

スムーズに行動ができるよう、タスクの細分化や20秒ルールなど、やることを準備しておくのと同時に、もしも他の何かに誘惑されそうになった時は、それを10分間やらないと決めるのです。ダブルでルールを決めておくと、自分の行動への後押しが強くなります。

「完璧主義」をゆるめる

完璧主義な人は、目標や理想を人一倍高く持ち、万事が整った状態を目指して努力します。それゆえに、完璧主義の人は、計画的に行動ができ、責任感もあり、仕事の精度も高く、信頼感があります。その一方で、自分に厳しいがために自分を追い込みやすく、他人に対してもクオリティの高さを求めます。そして結果を重視しているため、自分が思い描いた結果でないと、失敗ととらえがちです。

完璧主義は、次のような場面で、時間の使い方へも影響を及ぼします。

○プレゼン資料の細部にこだわりすぎて、修正を繰り返す。締め切りギリギリまで時間を費やした結果、他の業務に支障をきたしてしまった。

○家の掃除や片づけを完璧にしようとするあまり、時間をかけすぎてしまい、家族との時間がなくなってしまった。

○子どもの宿題や習い事を完璧にサポートしようとするあまり、子どものやる気を削ぎ、さらに時間がかかってしまった。

○周りの期待に完璧に応えようとするあまり、無理して予定を詰め込んだ結果、時間が足りなくなって周りに迷惑をかけてしまった。

完璧主義に限らず、人はさまざまな性格や特徴を持っていますが、それらがプラスに働くと大きな力となり、マイナスに働くと悪循環が起こります。そのため、完璧主義もプラスに活かしていきたいものです。

本人も気づいていない「隠れがむしゃらさん」

周りから見ると完璧主義の傾向が強い人の中でも、本人は自覚をしていない層が一定数います。自分よりももっとがんばっている人を想像しながら「私なんてまだまだ」と、さらに自分のお尻を叩いているので、自分が完璧主義とは思っていないのです。

このようなタイプをタイムコーディネートでは**「隠れがむしゃらさん」**と呼んでいます。隠れがむしゃらさんは、もともと責任感のある人なので、「無責任なことはできないからこそ、失敗したくない」という考えをお持ちです。したがって、完璧な目標や計画を立てようとする傾向があります。がむしゃらで一生懸命であるがゆえに時間に追われ、疲弊しているにもかかわらず、自分ががむしゃらに動いているということにも気づいていないことが特徴です。

そつなく物事をこなせるからこそ、周りから期待され、その期待に応えようとさらに努力をします。その結果、適当なアウトプットはできないと、自分へのハードルがどんどん上がっていき、気づかぬうちに完璧主義になってしまっているのです。

もともと素晴らしい力を持っている「隠れがむしゃらさん」は、完璧主義のプラスの特徴を活かすためにも、マイナスのスパイラルを絶つ意識が必要です。とはいえ、「肩の力を抜いて」「無理しなくていいよ」と言われても、どうやって力を抜けばいいのかがわからず、結果的にがんばり続けてしまうのです。

完璧主義の人が幸せに生きるには

まずは、**自分が「完璧主義の傾向がある」と自覚しましょう。**「私は完璧主義ではない」と0か100かで考えてしまうと「適度」がわからなくなります。「自分には完璧主義の傾向がある」と考えるだけでも、余裕が生まれ、一歩引いて自分を見つめることができます。

そして、**減点方式ではなく加点方式で考えていきましょう。**

完璧主義の傾向がある人は、できなかったことに目を向けがちです。できていることを「当たり前」と考えてしまうからです。その「当たり前」を自分で褒めることがとても大切です。

具体的には、振り返りの際に「できたこと」から見ていきます。**どんなに些細なことでも、「できたこと」を書き出して、これだけ自分はやったのだと、自分で褒めて認めることが何よりの自信となります。**

夢や目標、やりたいことを実現していくには、行動を続けていくことが必要です。

その大きなエネルギーとなるのが、「本当にやりたい」という心からの気持ちと、「何があっても大丈夫」という自分への信頼感です。

だからこそ、日ごろから「できたこと」にまず目を向けていきましょう。

できたことを積み重ねる加点方式で物事を見られるようになると、結果に追われずに過程を楽しむことができ、幸福度も上がります。さらに、過程でやってきたことに対し「心地よさ」を基準に振り返ると、心地よくないことには手放す意識が働き、より楽しく、前向きに取り組むことができます。

「自分のベストへの期待」をゆるめる

人は目標を立てる時、とてもやる気がみなぎっています。そのため、実際にかかる時間やコストを過小評価し、自分のベストな状態が毎日続く想定で、計画を立ててしまうのです。これを「計画錯誤《さくご》」といいます。

特にタスクの見積もりについては、自分の能力や状況を過信し、楽観的に物事を見積もる傾向があります。

高すぎる目標や計画を立てた時の行動パターン

時間を実際よりも短く見積もる傾向があるとわかっていながらも、高い目標・計画を立ててしまった場合、行動パターンは大きく2つに分かれます。

一つは、**行動が止まってしまうパターン**です。「もういいや」と投げやりになったり、

「今日も予定通りに進まなかった」と自己嫌悪に陥ったり、「やっぱり無理だ」と自己否定をしたりします。

たとえその日は「今日できなかった分も含めて明日やる」と、やる気を維持したとしても、そもそも今日できなかったことを、明日の分と合わせてやるのは無茶ですよね。無理の上乗せをして身動きが取れなくなると、目標自体を放棄することになりかねません。せっかくやる気に満ちていても、気持ちがしぼんではもったいないです。

そしてもう一つは、**残業したり睡眠時間を削ったりしてでも、「自分が立てた目標・計画は最後までやり切るのだ」と自分にムチを打つパターン**です。

これは、自分の行動に一貫性を持たせたい**「一貫性の原理」**から起こる考え方です。最後まで何とかやり切ろうとする姿勢は素晴らしいですが、計画を立てるたびに根性と行動量で何とかしようとしているならば、それは今すぐやめましょう。いつか心も体も壊してしまいます。

高い目標、実現不可能な計画を立ててしまっても、「もういいや」と投げやりになる必要も、「がんばるぞ！」とハチマキを巻いて自分にムチ打つ必要もありません。

そんな時は、軌道修正をすればいいだけです。最初から完璧な目標、完璧な計画を立てようとしなくて大丈夫です。

そもそも、**完璧な目標や計画は存在しません。**企業も定期的に上方修正、下方修正するように、計画を立てて行動しなければわからないことは必ずあります。初めから、軌道修正ありきで考えておくと、行動が止まることはありません。

「ほどよい」計画を立てよう

人は楽観的に時間を甘く見積もって計画を立てるという前提で、**少し背伸びをすれば達成できそうな「ストレッチ目標」を立てていきましょう。**

目標は高すぎても低すぎても、モチベーションが下がり、途中で諦めてしまう可能性が高くなります。だからこそ程よい目標設定が重要なわけですが、その「ほどよい」が難しくて私たちは苦労しているのです。

その「ほどよい」目標を立てる時のポイントが次の2点です。

一つが、**その目標を達成した未来の自分を想像して「楽しみだ」とワクワクするかどうか**です。そもそも、立てた目標に対して「達成しなければ」という気持ちが重くのしかかっていると、自分を追い込んで気持ちを奮い立たせて行動しなくてはいけません。それは、心の底から「やりたい」と思うエネルギーとは異なり、外づけの作り物のエネルギーです。ブレーキを踏みながらアクセルを踏むようなもので、自分に過剰な負荷をかけるのは容易に想像できます。

そしてもう一つが、**ベイビーステップが踏まれているかどうか**です。ベイビーステップとは、目標や計画を達成するための、無理のない、非常に小さな一歩や段階です。特に最初の一歩は小さくしましょう。

たとえば、６カ月後の資格試験合格に向けて、問題集を取り組む目標を立てるなら、初めの１週間は、実現可能な１日３ページにする。かつ、「問題集とノートは机に出して寝る→起きて問題集を開く→初めの問題を解く→３ページ解く」といった具合に、最初の１週間は本来の目標からゆるめ、最初の行動を細分化することを意識してください。人間は、**動き始められて、ある程度続けられるようになれば、そのまま行動を**

続けやすくなるからです。

また、中長期の視点で、目指すべき目標の中間地点は、どのようなゴールか設定していきましょう。ゴール地点を分解していくとベイビーステップを踏めるようになっていきます。ゴールを立てたら、その中間ゴール、そのまた中間ゴール……と細分化していきましょう。

「予定の入れすぎ」をゆるめる

「時間がない」と言いがちな人の特徴の一つが、スケジュール帳に余白がないことです。朝から晩まで、予定が埋まっています。スケジュール帳に空欄ができようものなら、「ここなら空いている」と自分の時間を埋めようとします。

ドラマでは、社長秘書が社長に「今日の予定は、午前中に会議が2件、11時から記者会見、提携先の代表とランチミーティング、午後は工場視察に、新規プロジェクトのミーティング、そして投資家との会食が控えています」など、1日のスケジュールを伝えるシーンがあります。そのシーンを見ては、スケジュールが分刻みで決まっていることや効率のよさに憧れを抱く人もいるでしょう。

しかし、それはドラマ上の話であったり、分単位でスケジュール管理をしてくれる優秀な秘書がいたり、食事をしたい時に食事が用意されていたり、再現するには背景がだいぶ限定されます。

そうした条件を満たさない状態で、同じように予定を詰め込んでは、自分を苦しめるだけです。むしろ、**引き算のスケジューリングを意識していきましょう。**

バッファ時間を、タスクごとや1日の終わりに、もしくは曜日を決めて取ることをお伝えしたのも、人は時間を甘く見積もるからです。たとえやることが予定通り終わらなくても対応できるよう、余白時間を先にスケジュールに組み込んでおくのです。

手帳のページで、**誰とも約束を入れない日時を決めてマーカーで囲う**こともおすすめです。オンラインであっても、約束が1件でもあると、その予定を軸に前後の予定が決まってしまうし、毎日人との約束があると心も体も頭も疲れます。

もともと予定を詰め込むクセがある人は、特に、誰とも約束を入れない日を意識的につくってみてください。外勤の多い会社員の場合も、意識的に内勤の日をつくって、後回しにしがちな事務作業を進めると、頭もタスクもすっきりします。

「時間の見積もり」をゆるめる

「計画錯誤」は目標や計画に対してだけではありません。日々のタスクの時間の見積もりでも計画錯誤は見られます。１時間でできると見積もったことが、結果的に３時間かかったというような経験は、誰もがあるのではないでしょうか。

第３章の「『時間がない！の焦り』を捨てる」（84ページ）でも書きましたが、見積もり時間をほぼ誤差なく出せるかは、実現可能な計画を立てるうえでも、やりたいことを着実に進めていくうえでも、最大のカギと言っていいくらい重要です。

はじめは、「このくらいだろう」と見積もった時間の３倍の時間を確保して実行してください。**見積もり時間と結果的にかかった時間を記録して、誤差を縮めていきましょう。**

時間に余裕がありすぎてだらけそうな時は「ポモドーロ」

反対に、時間の見積もりに余裕を持ちすぎて「まだ時間があるからSNSでも見よう」と途中で集中力とモチベーションが切れる場合もあるかもしれません。

そういう時は、**タスクではなく時間で区切る**こともおすすめです。特に、集中力が長く続かない自覚がある人におすすめなのが**「ポモドーロ・テクニック」**です。

これは、25分の集中時間と、5分の休憩時間をセットで繰り返す時間術です。「ポモドーロ」は、イタリア語で「トマト」。考案者であるコンサルタント、起業家のフランチェスコ・シリロが学生時代に愛用していたトマト型のキッチンタイマーからつけられました。

ポモドーロ・テクニックでは、まずはタスクを「25分でできること」に分解していく必要があります。ここまでは、タスクに対して見積もり時間を予測することをお伝えしてきましたが、**ポモドーロ・テクニックは、見積もり時間を25分と設定して、反**

ポモドーロテクニック

25分の集中時間と、5分の休憩時間をセットで繰り返す

対にその25分以内にできるタスクを見積もっていきます。

どちらの見積もりもできるようにしておくといいのですが、私は集中力を必要とするものや、時間を決めて早く終わらせたいものには、ポモドーロ・テクニックを活用しています。

ただ、個人的にはポモドーロ・テクニックで毎日時間管理をすると、焦って時間に追われ、疲弊するので、ここぞという時のみ使っています。

自分の心地よさを軸にタイムコーディネートをしておくと、そもそも自分がやりたいこと、楽しいこと、心地よいことに取り組むので、ぐっと気合を入れてアクセルを踏んで取り組まなくても、自然と自分がやりたくて動き出せます。

まずはタイムコーディネートでそもそも自分がやることを精査して、タスクにかかる見積もり時間を割り出す力を鍛えていきましょう。アクセルを踏まなくてもじわじわと車が動くクリープ現象のように、まずは負荷なく自分の内発的エネルギーで動き出せるようにするのが、一番エネルギーが持続するのです。

そのうえで、集中力が必要な時にポモドーロ・テクニックを使うと、着実に物事を進めることができます。

第6章

「時間デトックス」をしたら「なりたい自分」が見えてくる

無駄な時間を「排出」したあとで必要な時間を「補給」しよう

ここまで、心地よさを軸に置いて、「捨てる・任せる・ゆるめる」で手放す方法を見てきました。ここからは、必要な時間を補給していきましょう。

自分が心地よいこと、やりたいことで時間を満たせると24時間が充実し、それが積み重なれば、人生がより豊かになっていきます。

排出と補給の順序を間違えると、これまで以上に時間に追われることになります。体のデトックスと同じです。まずは排出をしてから、自分にとっての心地よい、心からやりたいことの時間を補給していきましょう。

そのうえで、自分の時間を役割に分けて整理していきます。

私が一番時間に追われていた時期が、韓国でキャスティングディレクターをしていた頃です。その時、自分のキャリアとライフイベントで葛藤した私がまずやったことが、時間の整理でした。

結婚・出産後も仕事は続けたい一方で、子育てをしながら今の働き方は難しいことに葛藤していたので、役割ごとに時間を整理することを思いつき、それぞれの時間配分を書き出してみたのです。

それが、５つの「私の役割」ワークです。ワークの内容については次項（２０６ページ）から解説します。まずは次のページのシートをご覧ください。

理想の状態 / そうなりたい理由	時間	3年後の状態 / そうなりたい理由	時間
時間が読める仕事がいい / 自分で仕事をコントロールしたいから	8h	場所を問わずに仕事ができるワークスタイルがいい / 暮らしたい街がたくさんあるから	8h
できれば2人子どもがほしい / 私が一人っ子で、兄弟がうらやましかったから	0h	仕事の時間を確保したうえで、密度が濃い時間を子どもと過ごしたい / 仕事と子育てを両立したいから	6h
夫婦で一緒に過ごす時間を増やしたい / 子どもが生まれる前に夫婦の時間を多く持ちたいから	3.5h	子どもができても、夫婦だけで出かける時間がほしい / 末永く仲睦まじくありたいから	1h
料理は、作り置きや家事代行などを検討 / 仕事後の料理は大変だから	2.5h	料理は、作り置きや家事代行などを検討 / 仕事後の料理は大変だから	1.5h
仕事以外の何かに熱中したい / 会社と家の往復が味気ないから	3h	仕事以外にも自分の趣味の時間を確保する / 一つの趣味を極めたいから	1.5h
24時前には毎日寝たい / 睡眠時間を確保するため	7h	自分に合った睡眠時間を確保 / 「6時間寝ないといけない」が負担になる時があるから	6h

5つの「私の役割」(記入例)

	現在の状態	時間	
「仕事」をする私	土日祝日問わず、 仕事になる可能性あり 出産後3か月で復帰予定	12h	
「母」としての私	(現在はなし)	0h	
「妻」としての私	仕事に疲れて、休日は ダラダラしてしまうのが もったいない	2.5h	
「家事」をする私	仕事が忙しいと、 料理は夫に丸投げ	2.5h	
「私個人」 としての私	少し時間があると、 スマホを見るなどして ダラダラしてしまう	1h	
睡眠時間	仕事や会食で 夜遅くなることも多い	6h	
		計24h	

理想の状態 そうなりたい理由	時間	3年後の状態 そうなりたい理由	時間

ワーク②③

5つの「私の役割」

ワーク①

ワーク②

	現在の状態	時間	
睡眠時間			

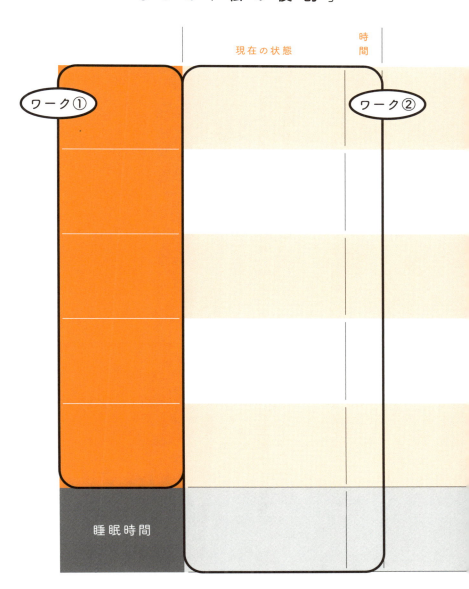

ワーク①
自分の役割を棚卸ししよう

改めてここで質問です。

あなたはどんな人生を生きたいですか。後悔しない人生とはどんな人生でしょうか。

命には必ず終わりが来ます。あれもやりたかった、これもやりたかったと、やらなかったことを後悔するのはもったいないです。**日々やりたいことを先延ばしにしない**ということを改めて意識してください。

1日は24時間と有限です。その24時間の中で、私たちはさまざまな役割を担って、時間を使っています。

さまざまな顔を持つ自分を洗い出して時間の配分を見直していきましょう。

年を重ねるにつれ、さまざまな役割を同時に担う私たちが、仕事ややりたいことをする時間だけを取り出してスケジュールに落とし込んでも人生の充実にはつながりません。

働き方もライフスタイルも多様化している今、それぞれの役割にどれだけ時間を使いたいか、時間バランスを考え、コーディネートする視点が重要です。

限りある24時間の中で自分の役割をどういうバランスでコーディネートしていくか、これこそが自分らしい時間の使い方であり、生き方です。

「5つの役割」を考えて分類して書き出してみましょう。役割が5つより多いと、1つの役割に対する時間が短くなり、現実と理想の時間バランスのギャップが出にくくなります。そのため、最大5つに絞りましょう。

また5つより少ないと、時間の使い方を改善する際の視野が狭まるので、できれば5つに分けてみるのがよいです。5つ出てこない時は、1日を振り返りながら何に時間を使っているのか考えてみましょう。

「５つの役割」の具体例としては、「①子として」「②夫や妻として」「③親として」「④上司として」「⑤地域の一員として」など、実際に担っている役割や、「①仕事」「②副業」「③自己啓発」「④趣味」「⑤家事」など、具体的な行動をしている自分という役割に分けることができます。

とある新人研修で、「仕事」「自己啓発」「趣味」「家族の一員」の４つの役割まで書き出せたけれど、あと１つ役割を書き出せずにいたＡさんがいました。

「それ以外にどんなことに時間を使っていますか？」と質問したところ、「１日３時間くらいＳＮＳや動画をダラダラ観ている時間がある」とＡさんは答えました。

Ａさんは、そのダラダラとした3時間を減らすためにも、５つ目の役割として、「虚無」と名づけ、時間の使い方を見直すことにしました。

このように役割を分けることで、**優先順位や取り組みたいことが明確になり、それぞれの分野に時間を回せる**ようになります。逆に、減らしていきたい時間も意識的に手放していけるようになります。

ワーク②「現在」「理想」「3年後」の私を考えてみよう

5つの役割を書き出したら、その役割ごとの時間配分を「現在」「理想」「3年後」ごとに考えてみましょう。

ここでいう「理想」とは、現在から3～6カ月先のありたい自分の状態です。まずは現在の時間の整理を行う第1ステップとして、現在の役割・環境のままで自分にとって「時間が整った」といえる理想の状態を描いてみてください。

たとえば、現在を育休中の時間配分、理想を復帰後の時間配分にするのではなく、現在の育休中の同じ状況で、まずは現実と理想の時間配分を書き出します。

そして、育休中の時間の使い方を理想の状態にしてから、次に復帰後の時間配分を考えていきます。

現状の時間整理ができていないまま次の環境に対応しようとしても、うまくいきません。ここでもベイビーステップを意識してください。1段ずつ階段を上っていきましょう。

「現在」「理想」「3年後」の役割ごとの時間配分を書き出す前に、**まずは、睡眠時間を確保しましょう。**現在取れている睡眠時間を書き出し、理想や3年後の睡眠時間も書き出しましょう。

そして24時間から睡眠時間を引いた残りの時間について、役割ごとにどんなバランスで時間を使っているか、または使いたいかを数字で書き出していきます。

たとえば、現在7時間睡眠をとっていたら、24時間から7時間を引くと残りは17時間です。その17時間を5つの役割それぞれどのような時間バランスで使っているのか数字に出していきます。

書き出す数字はざっくりで大丈夫です。小数点以下まで細かくしなくて構いません。なぜなら、この数字を書き出す目的は、正確な時間を計るためではなく、ざっくりと役割ごとの時間バランスを自覚するためだからです。

同じように、どこの役割に入れるか迷ったら、それも自分の感覚で大丈夫です。たとえば、料理をする時間は、家事でもあるし、家族のためでもあるし、自分にとってのリラックスタイムでもあるし、料理が何の時間かは、人によってそれぞれでしょう。深く考えずにあなたの感覚で分類してみてください。

そして、「現在」「理想」「3年後」は書きやすいところから取り組んでください。

大事なのは、「現在」「理想」「3年後」の時間配分のギャップを把握することです。人間はギャップを自覚すると、ギャップを埋めようとします。ギャップを埋めようと行動を考えるようになれば、時間の使い方が徐々に変化していくのです。

ワーク③「どうしてそうなりたいのか」言葉にしよう

次は「現在」「理想」「3年後」の具体的な状態を言葉にしていきます。

書き出しやすいところから始めましょう。現在に課題意識がある人は現在から、3カ月から6カ月後にこうありたいという理想がある人は理想から書き出します。

ただし、**書き出す時に否定語が続かないように気をつけてください。**ネガティブな言葉が並ぶと、見返すことも辛くなります。

現在の私を書き出すと、今の自分を否定するような言葉が並ぶ人もいます。たとえば「早起きができない」「自分の時間がまったく取れていない」など。もしその言葉を見て嫌な気持ちになる場合は、理想の私から書き出しましょう。

「理想」を先に書き出して、そこにたどり着くために今必要な課題を「現在」に書き出していくと、客観的に現在の状態を把握できます。

また、3年後にどうなっているかは誰にもわかりません。考えすぎずに「何を叶えていたいか」と思いつくことを書き出してみるといいでしょう。私も、いつかは実現したいと書き出したことが毎年実現しています。やはり、パッと思いついては消えていくものと、書き出して、見返して、毎日意識するものとでは、実現スピードが異なります。

他にも、家族の年齢を記入するのもおすすめです。子どもや親の年齢を書き出すことによって、行動範囲や環境が変わることをより実感できます。3年もあれば、会社の中でのポジションも変わっているかもしれません。

自由に妄想し、その後で現実を見る。そうすると、始めから視野を狭めずに済みます。

「現在」「理想」「3年後」のすべてにおいて共通するポイントは、**時間の使い方ではなく、どうありたいかという「状態」を書き出す**ことです。そこから、そのありたい状態を実現するためにはどんな時間の使い方をすればいいのか考えていきましょう。

また、日によって行動パターンが異なる人も多いでしょう。たとえば、平日や休日によって時間配分が異なるでしょうし、仕事がある日とない日、家族がいる日といない日では異なります。

もちろんすべてのパターンをそれぞれ違う紙に書き出してもいいのですが、まずは細かな点には目を向けずに、今、一番課題を感じているスケジュールパターンを選んで、どうすれば理想に近づくのか、書き出してみてください。

そして、現在と理想の状態を書き出したら、そう思う理由も併せて書き出してみてください。理由を書き残しておくと、自分が大事にしたいことに、いつでも立ち返ることができます。

ワーク④「やること」「やらないこと」を決めよう

時間と向き合うことで、現在と理想のギャップが見えてきました。現在と理想のギャップが明確になったら、その隔たりを埋めるための行動を考えていきます。

最も大切なのは、必ず確保したい時間、具体的な行動を決めることです。次に、手放せることはないか、タスクを取捨選択していきます。

まず、必ず確保したい「やること」を決めます。趣味やストレス発散の時間など、現実では後回しにして不足しているけれど、自分に必要な時間を最初に決めていきます。

次に、これまで持ちたいけれども先送りにしてきた時間を生み出すために、手放すこと、つまりは「やらないことリスト」を決めていきます。

やることと同時に、やらないことを決めるのは鉄則です。**やらないことに時間を割くのをやめないと、時間が生み出されるわけがありません。**

①〜④のワークで、無駄な時間を「排出」し、必要な時間を「補給」する「時間デトックス」を進めましょう。

第7章

「時間デトックス＋振り返り」を習慣にする

週に1回の振り返りで「やりたいこと」「やりたくないこと」を確認する

毎週の振り返りをしていますか？

タスクを1週間単位で管理するのと同様に、**振り返りも1週間単位で行う**ことがおすすめです。

やりたいことや目標があるなら、行動したままにせず、実現に近づいているかどうか、他によい方法はないかなど、進捗状況を確認する必要があります。

もちろん、毎日の簡単な振り返りもすると、なおよいです。ただ、毎日の振り返りは、「1週間の計画に対して今日はどこまで進められたか」という確認だけで大丈夫です。何もかもをしっかりやろうとすると、それが大変になり、続きません。

振り返りには、PDCAサイクルのPlan（計画）を立ててDo（実行）した結果の、Check（検証）とAction（改善）のイメージが強くあると思います。

ＰＤＣＡサイクルでやったことを、客観的に検証・改善していくことは確かに大事です（156ページでも説明しました）。しかし、タイムコーディネートではその前の「気持ちの振り返り」を最も大事にしています。

「振り返り」は、建前ではなく、本当に自分がやりたいことなのか、心地よいことなのか、自分の気持ちを見つめることです。

やりたいことではないけど、やりたいことを実現するためにやると決めたことや、経験値を積むために「今は」やると決めていることもあるでしょう。

しかし、それは問題ありません。流されてではなく、世間体や常識による「こうすべき」という思い込みでもなく、自分で決めた行動は問題ないのです。

反対に、流されてやってしまったことはないか、「こうすべき」と思い込んでやってしまったことはないかを確認してほしいのです。

理想と現実を橋渡しするポイント

現実と理想のギャップを自覚したら、そのギャップを埋めていくための棚卸しをしていきましょう。階段を1段上ったら理想の状態にたどり着くほど、このギャップは簡単ではないと思います。

――思い込みが現実をつくる

たとえば、私がキャスティングディレクター時代に、現実と理想の時間の使い方にギャップを感じた時のことです。

仕事時間に4時間ものギャップがあったので、まずは現状の時間を見直しました。確かに、当時の仕事では、海外出張や夜中までの撮影もありましたが、それが毎日続くわけではありません。

仕事時間が長いと感じていた原因は、いつ電話がかかってくるのかわからない状態だったからです。就業時間が終わってもそわそわして、自分の時間を大切にできていませんでした。

友人と一緒にいても、電話がかかってきて会社に戻ったことは何度もあります。その瞬間の「あ〜あ」という何とも言えない気持ちが嫌でたまらなく、プライベートの約束をあまり入れなくなっていきました。

ここで初めて、自分の時間が仕事にコントロールされていると気づきました。やりがいのある仕事をしているにもかかわらず、毎日がどんどんつまらなくなっていき、「こんな人生嫌だ！」と思ったのを覚えています。

そこから、自分の感情と時間の使い方を振り返っていきました。すると、仕事に時間のコントロール権を握られていたと思っていたけれど、実は自分の思い込みがその現実をつくっていることに気づいたのです。

仕方がないと勝手に諦め、考えるのを放棄し、それが当たり前だと思い込み、自分の時間や人生を諦めていることにようやく気づきました。

その気づきがあってから、具体的な改善方法を考えられるようになっていきました。緊急の電話がかかってきて会社に戻ることになったとしても、その時はその時だと気持ちを切り替えることにして、プライベートの時間を充実させることを優先しました。でも何をしたらいいかわからなかったので、ひたすら検索してヒントを探しました。その中で、起業という働き方を知り、起業に舵を切っていったのです。

——違和感に気づき行動を変える

理想と現実の橋渡しのカギとなるのは、現実で感じている「違和感」です。違和感を違和感のまま放置しないでください。ご相談を受けていても、「何かわからないけどモヤモヤする」と言う方はとても多いです。その「何かわからない」を言語化しながら解明していくことが重要です。

違和感を解明していくうえでも、毎日「楽しかったこと」を3つ書き出す（53ページ）ことがおすすめです。今日楽しかったことにまずは目を向けるのです。

次に、違和感やネガティブなことにも目を向けます。ただ、感情がすごく揺さぶられている時は落ち着いてから目を向けるのでも大丈夫です。冷静な判断ができなさそうなら、寝てすっきりしてください。

違和感に目を向けられるようになったら、何に対してそう思ったのか、掘り下げて書き出してみてください。

そこから、自分ができる「行動」を思いつくままに書き出してみましょう。自分は変えることができますが、他人は変えることができません。まずは自分です。そして、行動しなければ現実は変わりません。自分の行動で、どうやって違和感を解消するか考えるのです。具体的な行動を書き出しましょう。

手帳は「書く時間」より「見る時間」が大切

第5章でも書きましたが、手帳を使いこなせないと頭を抱えるのは、手帳に書き込むことを重視しすぎているからです（169ページ）。

もちろん、書かないと自分の予定は可視化できないので、書くことも大事です。ただ、それ以上に、手帳を開いて自分の時間を見ることが非常に重要です。それは、自分の時間を見て意識することが大事だからです。

振り返り時間を意識的に持って振り返ることも大事ですが、**手帳を普段から見るクセをつけておくと、進捗状況や次の行動に意識が向きます**。デスクで仕事している時や、リビングにいる時、手帳を開いて置いておくのもおすすめです。持ち歩くことが億劫でない人は、常に手帳を持ち歩いて、移動中やふとしたカフェ休憩の時などに見返すことも、自分の時間を見返すよい機会となります。

新たにやりたいことが思いついた時にすぐにメモができますし、いつなら取り組めるのか、自分との作戦会議もできます。

現在と未来を行ったり来たりしながら、自分の時間の余白具合もすぐに把握できるので、私は常に手帳を開くようにしています。

手帳は書く時間より見る時間が大切という意識を高く持ってください。

そうすると、手帳を書くことに対して勝手に上がってしまうハードルも、自然に下げることができます。

心地よく時間を使うための振り返りのポイント

心地よく時間を使い、自分の内発的エネルギーで行動を続けていくことを大事にしているタイムコーディネートでは、振り返りの目的を、できたことを確認して小さな成功を積み上げていくことに置いています。振り返りのポイントは5つです。

①できたことは何か

まずは、できたこと、やってみてよかったこと、やってみて続けたいと思ったことなど、プラスの点を書き出します。

できたことに目を向けることはつい忘れがちなので、できたことを意識的に最初に振り返りましょう。小さな成功が積み上がっている実感を持てると自信につながります。その結果、その自信がエネルギー源となり次の行動につながり、好循環が生まれます。軽やかにスイスイと行動できるようになっていきます。

② タスクの見積もり時間と実際にかかった時間はどうだったか

次に、タスクの見積もり時間と、結果的にかかった時間の確認をします。今後、この誤差をなくしていくために必要な確認です。バッファ時間が足りていたかどうかもあわせて確認しましょう。

③ 集中できるスケジュールの立て方だったか

タスクを実行するのに集中できる環境を整えられたかどうかも振り返ります。時間帯・場所・整理整頓など、人間は基本的に怠けようとする生き物だという前提で、環境整備も行いましょう。

④ 無理なく、心地よくできたか

そして、「自分を追い込むがんばり方になっていなかったか」「やることを詰め込みすぎていないか」「自分が心地よくないことをガマンしていないか」「自分の感情に蓋をして乗り切ろうとしていないか」と、自分の心に向き合います。無理ながんばり方をすると、今を乗り越えたとしても、いずれ無理がたたります。

⑤もし次があるなら、どうやったらもっとうまくできそうか

「やりたかったけどできなかったこと」「もっとこうすればよかったこと」「継続が難しかったこと」を客観的に振り返ります。ここでも、できなかったことをわざわざ確認してダメ出しをするのではなく、「次の機会では、どうやって改善してみる？」と、ゲームを攻略するつもりで振り返りをしてみてください。

この一連の**振り返りは、基本的には日曜日の夜までに取り組むのがベスト**です。1週間を振り返りつつ、次の週の大まかな流れも決められると、さらによいです。次の週の作戦を練りながら、次にやるべきことへ意識を向けると、月曜日によいスタートダッシュが切れます。

ちなみに、1日単位でも同じことがいえます。毎日、業務が終わる10分くらい前に明日やることをさらっと確認しておくと、朝を気持ちよくスタートできます。いざやるぞという時に、何から取りかかるかを考えるのは、時間がもったいないです。

振り返りのポイント5つ

❶「できたことは何？」

● できた・よかったことを書く
★小さな成功が自信につながる

・動きを予測して、段取りできた。
・寝る前のストレッチが、心身ともにリラックスになった。

❷「見積もりと実際はどうだった？」

● タスクの見積もり時間と実際にかかった時間を比べる
★計画の精度を高める

・企画書の作成に、1時間多くの時間がかかった。
・見積作成は15分ほど短縮できた。

❸「集中できるスケジュールの立て方だった？」

● タスクの実行に集中できる環境だったか（時間・場所など）
★集中できる環境をつくる

・午前中はアイデア出しに専念したらはかどった。

❹「無理なく、心地よくできた？」

● 予定を詰め込みすぎていないか、ガマンしていないか
★無理は続かない。無理をしない

・午後に打ち合わせを詰め込みすぎた。準備も不十分になるから、2件までに抑えたい。

❺「次うまくやるには？」

● 次回、改善する方法を考える
★できなかったことのダメ出しにしない

・企画書作成に時間がかかったのは、アイデアの蓄積が不十分だったから→毎日午前中にアイデア出しの時間を確保する。

期限や目標を決めてやり切ることで見える世界がある

やりたいことや夢、目標を実現していくには、継続が何よりも大事です。継続に勝るものはありません。

しかし、**ただやみくもに継続すればいいものでもありません。「やり切る」ことが重要です。**これは、目標や夢という大きなものから、タスクなどの小さなことまで、すべてにいえることです。

私自身も、30代前半まで、自分のことを中途半端な人間だと思っていました。何をやっても「このくらいでいいか」と途中でやめることも多く、自分を活かしきれていない感覚がずっとありました。

今ならその理由がわかります。それは、大した努力もせずに、自分の天職や使命はどこかに転がっているか、向こうから飛び込んでくるのだと、心のどこかで思っていたからです。だからこそ、興味を持ったことに手をつけては「これは違う」を繰り返し、何もかもが中途半端でした。

たとえば、「やりたいことを仕事にする」というのも、叶えばもちろんすばらしいことです。しかし、それは結果論であって、やりたいことを仕事にするために、やりたいことを探すのは本末転倒です。

やりたいことを探し続けることに満足している人がいるのも事実です。その行動自体は悪いことではないので、余計に「やっているつもり」になってしまいます。

インプットばかりして学んでいるつもりになっているのも同じです。アウトプットしてこそ、その学びを自分のものにできたといえます。その証拠に、また同じようなことを別の場所に学びに行ってしまうのです。

これは、時間もお金も本当にもったいないです。**「やっているつもり」ではなく、一度やり切ってみましょう。そうすると、見える世界が変わります。**

私は26歳で韓国留学し、現地で就職し、約9年暮らしました。留学に行く前は、

「26歳から留学?」「英語ではなく韓国語を学びに行くの?」と言われたこともありました。振り返っても、留学に行ったところで将来につながるのかは不明でした。今は韓国語を使う仕事をしていないので、直接的な意味はなかったかもしれません。

しかし、「韓国語を現地で学びたい」「韓国語の字幕なしに韓国ドラマを見たい」「通訳なしで、推しが話すことを理解したい」「韓国語を使った仕事をしたい」という私の気持ちに対して、「でも、もういい年齢だし」「韓国語を学んで何するの?」という周囲からの引き戻しの力に屈しなかったことで、現地で就職をし、韓国語を使った仕事ができるようになりました。

しかも、現地で就職したのがキャスティング会社です。その時はすっかり忘れていましたが、実は中学生の頃から雑誌に載っているモデルさんをスクラップしていたくらい、モデルさんをきれいに見せるポージングを自分なりに分析して楽しんでいたのです。これはある意味「好きを仕事に」の経験ができたといえます。

そして、キャリアとライフイベントの狭間で葛藤して、「5つの役割ワーク」(200

ページ）で時間の整理をした時に、「やり切った！」と心底思えたのです。

韓国語を話せるようになり、仕事でも使えるようになり、自分の中で納得しました。それは、韓国語のレベル云々ではなく、自分で選択して、自分で決断して、自分で動いたからこそ得られる、やり切ったという納得感です。これがまさに、自分の人生の手綱を握るということです。その時にやり切ったからこそ、今の仕事や働き方にシフトしていくことができました。

やりたいことがありすぎて時間がないというあなたも、まずはこれだというものをやり切ってください。無駄な時間を手放すことで、あなたにとって価値のある時間を生み出し、期限を決めて、まずは決めたことをやり切ってみてください。

新たに見える世界がきっとあります。

おわりに

最後までお読みいただきありがとうございました。

いつも何事にも全力投球だからこそ時間に追われているあなたに、心地よく全力投球をしてほしくて、この本を書きました。

これまで多くの方にタイムコーディネートを伝えながら感じていたことは、とにかく抱え込んでしまう人が多いということ。そして、無駄な時間を手放す必要性は感じているのに、手放すことに抵抗を感じている人が多いということです。

タイムコーディネートはひとりよがりな時間術ではありません。自分の心地よさを知ることで、周りの人の心地よさも尊重できます。自分に厳しくではなく、優しくすることで、周りの人にも優しくできます。そうして、心地よさや優しさの循環が起こる、みんなのための時間術です。

そして、心地よい時間の使い方で、ありたい未来を自分の力でつかみに行くことができます。

タイムコーディネートを実践されている方々は、もともとがんばり屋さんが多いので、楽して生きていきたいというよりは、前向きに楽しく、でも時にもがきながら、自分の手で自分の未来をつかみたいという方が多いのも特徴です。

そのひたむきさに心地よさが備わったら最強です。

「時間デトックス」で、抱え込みすぎていたものを排出し、やりたいことの実現のために時間を使い、その時間をより豊かな時間にしていただけたら本望です。

本書は、多くの方々に支えていただきながら出版することができました。この場を借りてお礼申し上げます。

本書の編集を担当してくださった日本実業出版社の神村優歩さん。いつも的確でポジティブなフィードバックをしてくださり、心から感謝いたします。

私が執筆に集中できるようサポートしてくれたタイムコーディネートチームのみん

な。いつもありがとう。

同じく、いつも全力応援、全面サポートをしてくれる、私の愛する家族。いつもありがとう。

そして、本書を読んでくださったあなたに、最大級のお礼を申し上げます。

「時間デトックス」で心地よくない時間を手放し、心地よい時間を補給して、やりたいことをやり切っていただけたら、こんなにうれしいことはありません。

あなたの未来を応援しております。

吉武麻子

2024年10月

参考図書

『今さら聞けない時間の超基本』二間瀬敏史・吉武麻子監修　朝日新聞出版
『1年・1カ月・1週間・1日の時間術』吉武麻子著　かんき出版
『じぶん時間割の作り方』川瀬はる著　吉武麻子監修　オーバーラップ
『自分を変えるノート術』安田修著　明日香出版社
『一日の休息を最高の成果に変える睡眠戦略』角谷リョウ著　PHP研究所
『学びを結果に変えるアウトプット大全』樺沢紫苑著　サンクチュアリ出版
『完訳 7つの習慣』スティーブン・R・コヴィー著　フランクリン・コヴィー・ジャパン訳　キングベアー出版
『倒れない計画術』メンタリストDaiGo著　河出書房新社
『やらないことリストのつくり方見るだけノート』石川和男著　宝島社
『GIVE&TAKE「与える人」こそ成功する時代』アダム・グラント著　楠木建監訳　三笠書房
『モモ』ミヒャエル・エンデ著　大島かおり訳　岩波書店
『任せるコツ』山本渉著　すばる舎
『超習慣術』メンタリストDaiGo著　ゴマブックス
『人生の99%は思い込み』鈴木敏昭著　ダイヤモンド社
『神・時間術』樺沢紫苑著　大和書房
『幸福優位7つの法則』ショーン・エイカー著　高橋由紀子訳　徳間書店
『スタンフォードの自分を変える教室』ケリー・マクゴニガル著　神崎朗子訳　大和書房
『お客さまが不思議とファンに変わる！女子脳営業術』外岡美寿子著　こう書房
『広辞苑　第六版』新村出編　岩波書店

著者や「時間デトックス」について もっと知りたい人へ

- TIME COORDINATE株式会社 Webサイト

- 「時間デトックス」ワークシート
- 「時間デトックス」関連動画

※著者のタイムコーディネートメールマガジンにご登録いただくとお受け取りいただけます。
※本コンテンツに起因する不具合に対しては、弊社は責任を負いかねます。ご了承ください。
※本コンテンツのご提供は、予告なく終了する場合がございますので、ご承知おきください。

これらを活用して、「時間デトックス」をより進めてください！

吉武麻子（よしたけ　あさこ）

タイムコーディネーター。TIME COORDINATE株式会社代表取締役。1981年、神奈川県生まれ。大学卒業後、旅行会社勤務を経て、26歳で韓国留学。その後、現地法人でキャスティングディレクターとして24時間365日仕事に追われる日々を過ごす。帰国後、キャリアとライフイベントの狭間で葛藤した経験から、疲弊せずに毎日を楽しみながら仕事のパフォーマンスもあげていく「タイムコーディネート術」を考案し、のべ4000名以上に指南。心地よい時間の使い方で、ありたい未来をつかみに行くための「タイムコーディネート実践プログラム」や「タイムコーディネーター養成講座」を開講。著書に『目標や夢が達成できる　1年・1カ月・1週間・1日の時間術』（かんき出版）、監修を担当した書籍に『時短、効率化の前に 今さら聞けない時間の超基本』（朝日新聞出版）他。また、タイムコーディネート手帳の製作販売、企業研修、時間の専門家として各種メディアにて掲載・連載執筆を行っている。2児の母。

無駄《むだ》をスッキリさせて、人生《じんせい》の質《しつ》を高《たか》める

時間《じかん》デトックス

2024年12月1日　初版発行
2024年12月5日　第2刷発行

著　者　吉武麻子
©A.Yoshitake 2024
発行者　杉本淳一

発行所　株式会社日本実業出版社　東京都新宿区市谷本村町3−29 〒162-0845

編集部　☎03-3268-5651
営業部　☎03-3268-5161　振　替　00170-1-25349
https://www.njg.co.jp/

印刷・製本／リーブルテック

本書のコピー等による無断転載・複製は、著作権法上の例外を除き、禁じられています。
内容についてのお問合せは、ホームページ（https://www.njg.co.jp/contact/）もしくは書面にてお願い致します。落丁・乱丁本は、送料小社負担にて、お取り替え致します。

ISBN 978-4-534-06149-2　Printed in JAPAN

日本実業出版社の本

下記の価格は消費税（10％）を含む金額です。

「朝1時間」ですべてが変わるモーニングルーティン

池田千恵
定価 1650円（税込）

1日をコントロールするために、朝の時間を見直しませんか？　いつもより1時間早く起きるだけで、人生がうまくまわりだす。朝活の第一人者が提唱する新しい朝活＝モーニングルーティンメソッド！

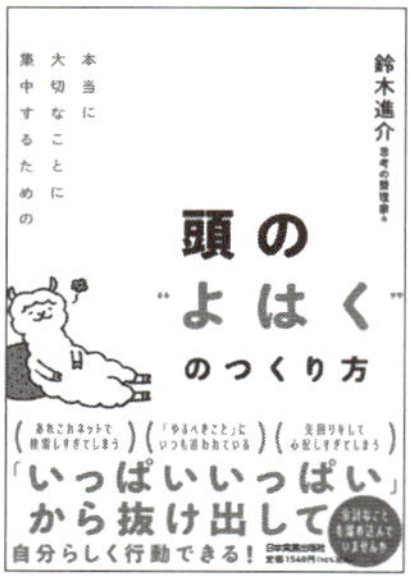

本当に大切なことに集中するための
頭の“よはく”のつくり方

鈴木進介
定価 1540円（税込）

頭の“よはく”がある状態とは、不要な情報や心配がなく、自分らしく考えて決断し、行動できる状態のこと。思考の整理家である著者が、頭の“よはく”をつくるためのメソッドを豊富な図で解説！

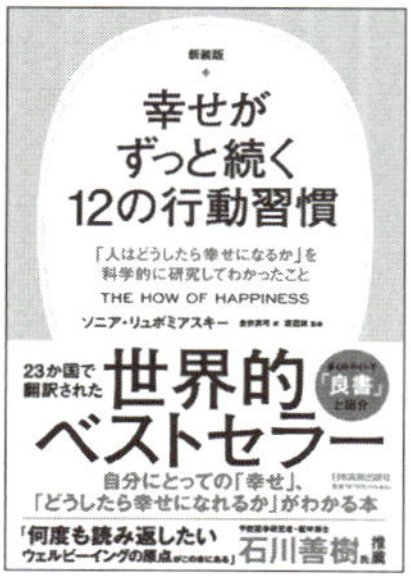

新装版　幸せがずっと続く12の行動習慣

「人はどうしたら幸せになるか」を科学的に研究してわかったこと

ソニア・リュボミアスキー 著
金井真弓 訳
定価 1870円（税込）

多くの書籍やサイトで名著と引用された「持続的な幸福」についてまとめた世界的ベストセラー。「幸福を決める3つの因子」をもとに、幸福度が高まる「12の行動」を習慣にする方法を紹介。

定価変更の場合はご了承ください。